锐视角

——公安管理学基础理论问题研究

主　编　魏永忠

副主编　苏　娜　乔　菲

撰稿人（按姓氏笔画排序）

丁　信　王　刚　王　峥
王慧婷　乔　菲　任志安
刘　青　刘忠轶　安　瑛
安宇寰　许阁阁　苏　娜
李　侠　李　辉　李昊晨
李星甫　张玉琢　张继远
高　蓓　彭　浩　魏永忠

群众出版社

·北　京·

图书在版编目（CIP）数据

锐视角：公安管理学基础理论问题研究/魏永忠主编．—北京：群众出版社，2014.12

ISBN 978-7-5014-5312-2

Ⅰ.①锐…　Ⅱ.①魏…　Ⅲ.①公安学—管理学—研究　Ⅳ.①D035.31

中国版本图书馆 CIP 数据核字（2014）第 291900 号

锐　视　角

——公安管理学基础理论问题研究

魏永忠　主编

出版发行：群众出版社
地　　址：北京市西城区木樨地南里
邮政编码：100038
经　　销：新华书店
印　　刷：北京普瑞德印刷厂

版　　次：2016 年 8 月第 1 版
印　　次：2016 年 8 月第 1 次
印　　张：10.25
开　　本：787 毫米×1092 毫米　1/16
字　　数：190 千字

书　　号：ISBN 978-7-5014-5312-2
定　　价：39.00 元

网　　址：www.qzcbs.com
电子邮箱：qzcbs@sohu.com

营销中心电话：010-83903254
读者服务部电话（门市）：010-83903257
警官读者俱乐部电话（网购、邮购）：010-83903253
公安综合分社电话：010-83901870

序 言

2015 年 10 月 24 日国务院印发的《统筹推进世界一流大学和一流学科建设总体方案》（国发〔2015〕64 号）中明确指出，坚持以中国特色、世界一流为核心，以立德树人为根本，以支撑创新驱动发展战略、服务经济社会发展为导向，加快建成一批世界一流大学和一流学科，提升我国高等教育综合实力和国际竞争力，为实现“两个一百年”奋斗目标和中华民族伟大复兴的中国梦提供有力支撑。坚持中国特色、世界一流，就是要全面贯彻党的教育方针，坚持社会主义办学方向；就是要加强党对高校的领导，扎根中国大地，遵循教育规律，创造性地传承中华民族优秀传统文化；就是要积极探索中国特色的世界一流大学和一流学科建设之路，努力成为世界高等教育改革发展的参与者和推动者；就是要培养中国特色社会主义事业建设者和接班人，更好地为社会主义现代化建设服务、为人民服务。

新一轮高等教育改革的号角已经吹响，面对新形势、新任务，公安高等教育工作者应当思考自身的职责、历史的担当，应当思考如何抓住时机、选准方向乘势而上，应当思考理论创新的重点、学术发展的路径，尤其要思考的是公安高等教育和公安学科建设如何达到世界一流水平的时代命题。从我国公安高等教育的发展进程来看，力争世界一流已经成为提升我国公安高等教育实力的历史抉择，其中学科建设又成为发展公安高等教育的重中之重。坚持以学科建设为基础，就是要积极引导和支持公安高等院校优化学科结构，凝练学科发展方向，突出学科建设重点，创新学科组织模式，打造更多领先世界公安学科的高峰，进而带动公安高等院校发挥学科优势、办出公安特色，实现警察大学世界一流的办学水平。

2011年3月，国务院学位委员会、教育部在《学位授予和人才培养学科目录》中，将公安学增列为法学门类下的一级学科，公安管理学作为公安学学科下的二级学科，学科地位已经确定，谋求该门学科的良性发展之路是当务之急。回望历史，从1986年出版的第一本公安高等教育统编本科教材《公安管理学概论》（俞雷主编），标志着一门新兴的应用型部门管理理论开始诞生，迄今为止已经走过三十年的历程。许多专家、学者、理论和教育工作者以对公安管理事业的挚爱和自觉，以对学术的敬畏和高度的责任感，长期坚持理论思考和实践探索的密切结合，为公安管理学的学科建设不懈努力，形成具有行业特色、专业特色、独立科学理论范畴、较为成熟的学科知识体系，为公安高等教育发展和公安管理专门人才的培养奠定了坚实的基础。然而，客观理性地审视公安管理学学科建设的整体状况，无论是学科体系、理论水准、学科结构、国际化程度，还是研究团队、人才培养、学科管理等诸多方面，距离世界一流学科目标还有较大的差距，学术研究方向、理论知识建构、学科体系完善、学术团队建设等方面，未来要走的路还很长、很远。

学科是大学的细胞，是高校发展的基础、方向和水平的主要标志，是高校核心竞争力的集中体现，世界一流学科是建设世界一流大学的基础。因此，认清世界一流学科的内涵对建设世界一流大学意义重大。一般来说，学科反映出一套系统有序的知识体系，同时也是一套体现社会建构的学术制度。一流学科是一个双重二元的结构，它体现出社会价值和学术价值，内在合法性和外在合法性两个维度的考量范畴。从学术逻辑来看，一流学科的评价标准是客观的，是国际可比的；从社会需求逻辑来看，一流学科的评价标准是主观的，是有地方特色的。就学术逻辑而言，一流学科有两个标志：一是拥有一流科研，产出一流学术成果；二是具有一流的教学水平，培养出一流的人才，而一流科研和一流教学水平要依靠一流的学者队伍，建设一流的学者队伍需要两个前提条件，一是充足而灵活的经费，二是有效的管理体制机制。美国高等教育专家菲利普·G. 阿特巴赫（Philip G. Altbach）认为，世界高等教育面临着六大挑战：(1) 大学研究，尤其是基础研究面临的挑战；(2) 公立大学私有化面临的挑战；(3) 问责制、评价制度带来的挑战；(4) 学术职业面临的挑战；(5) 科技带来的挑战；(6) 国际化带来的挑战。世界一流大学应该拥有一批国家级重点学科，拥有一批在国内有较大影响的学科群，拥有一批进入国际学科排名（如 ESI 学科排名、QS 世界大学学科排名等）前列、具有世界一流水平的学科，建设世界一流大学离不开世界一流学科的支撑，世界一流学科的数量越多、质量越高，成为世界一流大学的机会也就越大。实现一流学科评价的可量化、可比较，是建设世界一流学科的前提。目前，国际上很多研究机构普遍认为，进入 ESI 排名前千分之一的学科即为世界一流学科，代表着全球顶尖学科发展的方向和水平。联系到公安高等教育发展，学科建设主要体现在研究平台、教学科目、学术团队、规训制度、学科文化等方面。

认识并破解公安管理学实现一流学科建设的现实命题，需要对学科建设有一个准确的理解和把握。所谓学科，通常可以理解为是相对独立的知识体系。在理论上，具有一级学科授予权的学科点都可以自行设置所有的二级学科，但是它的实际运作却需要慎重而行。属于一级学科的知识应是学科知识体系中的“纲”，是有关学科理论核心范式的知识；属于二级学科的知识是一级学科知识体系中的“目”，是学科范式所确定的各个不同研究方向的知识。在此基础上，学科制度将知识生产与专业人才培养融为一体。《公安学》与《公安管理学》就是这种关系的典型代表。作为一级学科的《公安学》提供了作为所有公安学科（主要是指应用型社会科学）理论核心的范式，将本学科所有研究人员凝聚为在同一范式指导下从事公安学学科学术研究的学术共同体，同时通过公安学学科教育培育学术新人或公安专门人才，为学术共同体输入新鲜血液，使公安学学科能够持续、稳定地发展；二级学科（如公安管理学、治安管理学、侦查学等）具体展开学科范式所确定的各个方向的研究工作，不断产出学科知识，扩展学科知识体系，同时也为学科范式的更新、发展创造条件。随着公安学一级学科的设立，各门相关二级学科都在思考自己的学科定位。作为公安学的基本支撑子学科，公安管理学是首批设立的二级学科之一，如何构筑这个学科合理而规范的科学体系，如何梳理和阐释它的学科性质和社会功能定位，如何界定它的研究对象和范围，如何创新其人才培养模式和课程体系等就成为《公安管理学》学科建设的当务之急。

在具体把握《公安管理学》学科建设上，要建设世界一流学科，下面四个范畴的指标至关重要：一是一流的学术队伍，二是一流的科研成果，三是一流的学生质量，四是一流的学术声誉。在建设该门学科时必须坚持主体性特征和国际化方向，将学科逻辑和社会需求逻辑紧密结合。就《公安管理学》学科建设实质特征而言，实现世界一流还必须坚持中国特色、行业特色，如果没有中国特色就无须建设成为世界一流，如果没有行业特色就无须建设成为国际前茅。这里的“中国特色”和“行业特色”来源于中国特色社会主义的本质要求，来源于中国公安机关管理实践和公安管理文化精神的积淀，来源于中国历史、政治、经济、教育等方面对公安机关的影响作用。

建设世界一流的学科，需要明确公安管理学学科建设的主要维度和重点。目前，有关世界一流学科的理解尽管尚未形成一致性观点，但试图从全球范围内寻找参照系成主流方向。如果从世界范围的视角观察高等教育，有两大体系能成为世界一流学科考量的主要参照系：一个是欧洲大陆体系，一个是盎格鲁—北美体系。前者突出强调国家需求、政府控制，重视学科的社会需求逻辑；后者强调学术自由、学术自治，重视学科的学术逻辑，当前占主导地位的是盎格鲁—北美体系。因此，美国科学基础数据库（ESI）成为当前世界一流学科的主要评价标准，并被广大发展中国家普遍接受。我国的大学具有浓厚的欧洲大陆体系色彩，强调社会需求一直是中国的传统，如果我们从学科学术价值的角度审视，学科建设的维度主要包括学科定位（学科方向、发展层次），学科队伍（学科带头人、学科梯队），科学研究，人才培养，学科基地（实验室、重点学科、设备等），学科管理六个方面。据此分析，《公安管理学》的学科建设重点也应当体现在上述六个方面，也因此成为评价该门学科成熟与否的四个维度考量标准：一是公安管理学学科研究领域生成的专门知识并构成独立理论架构；二是公安管理学各个分支学科形成完整的、相对独立的学科体系；三是具有从事公安管理学研究工作的专门队伍、软环境和设施；四是对公安管理学的理论有突出的社会贡献和国际影响力。具体到公安管理学学科建设的未来如何作出路径选择，其实上述分析已经明确，任务重点已经确定，接下来就是要脚踏实地地立足自己的学术领域，分析不足、厘清思路、选准发力点、坚持不懈、久久为功，力争公安管理学早日实现世界一流学科建设的奋斗目标。

古人云：明智之所求者，学问也。愿同道者和衷共济，为公安管理学理论创新与发展不懈努力！

是为序。

魏永忠

2016 年 7 月 8 日

目 录

第一部分

公安管理学学科建设的核心问题

魏永忠

“公安管理学”作为一级学科“公安学”的重要分支学科，当前理论建设的重要任务是建立科学完善的学科体系。所谓学科体系建设，包含两个层面的内容：一是形成完备的公安管理学学科自身的知识体系；二是建立系统的公安管理学分支学科。这里需要说明的是，学科建设与专业建设的区别在于它是偏就知识体系而言，而专业建设偏指社会职业的领域。公安管理学不论是对公安管理现象规律的研究，还是对公安管理活动范畴的研究，无疑都是关于人类社会活动和社会现象的关注。因此，公安管理学既具有科学的一般性特点，同时又反映其个性化特质，即公安管理学与管理学、行政管理学、公安学关系密切。

一、公安管理学学科建设的要义

学科（discipline），一般是指在整个科学体系中学术相对独立，理论相对完整的科学分支，它既是学术分类的名称，又是教学科目设置的基础。公安管理学作为管理学、行政管理学和公安学的二级分支学科，其本身也是由若干理论相对完整的科学分支构成，进而形成公安管理学的学科树，即公安管理学的学科体系。在科学之林，公安管理学作为学科既要符合上述定义的界定，同时又必须是涵盖若干分支学科的学科体系。

中国特色公安管理学学科体系的基本框架和主要内容，应当符合两个向度的要求：一是体现管理科学、行政管理学的理论范式，所以在理论探索上要解读权力的配置、权力的关系、权力运行机制、管理体制与组织结构、领导体制、公务员制度、财政体制、行政法规范制度、管理活动过程、管理环境、管理文化、管理方法、管理技术与工具、管理绩效与评价等；二是体现中国特色行业管理的规律，由此构成公安管理学的学科体系。按照这一要求，中国特色的公安管理学学科体系建设才能有利于推动公安学和公安管理学学科体系的建立，也必将有利于解决中国的公安管理体制改革中存在的问题。所以，在公安管理学学科建设中要注意研究范畴的行业特殊性、语境语义表述的专业性、原理方法的适用性等，既要吸纳和采用国内外长期以来所形成的管理、行政管理的概念、术语、命题、范畴等，还要特别考虑这些概念、范畴在中国和公安领域被接受的程度。

基于此，公安管理学学科可以从以下两个方面进行考量：一是公安管理学学科是特定研究领域走向成熟的产物，它的理论体系是关于一个特定研究范围系统的知识归纳，其权威性并非源自一个人或一个学派，而是基于普遍接受的真理或方法；二是公安管理学学科是研究领域制度化与建制化的结果，在此意义上形成了自身的研究边界，并规划了本学科研究者的学术规范，即对学科结构和研究视域作出外延控制。

学科建设是一个中国化的专有名词，西方关于学科建设的研究主要集中于高等学校学科的形成和发展、学科分布及其学科对于提升大学地位的重要作用，但是很少涉及学科建设的内涵，更没对学科建设的内涵形成统一的认识。“百度百科”将学科建设的定义概括为三个要素：一是构成科学学术体系的各个分支；二是在一定研究领域生成的专门知识；三是具有从事科学研究工作的专门人员队伍和设施。同时指出三个学科建设的方法：一是成立完善的领导体系；二是制定好三年规划；三是明确阶段任务和目标。学科建设是一个含义比较广泛的概念，它至少应包含两层意义：第一层是人们为构建相对完整的理论体系，按一定的范式发现新现象、创造新知识或完善新理论，对学科本身作出创新性研究；第二层是从事知识的传承、交流活动，即围绕某个理论体系的成熟和发展而进行的科学研究与人才培养，并使之形成固化的人才培育平台和人才培养制度化过程。

基于上述理解，公安管理学学科建设应从三个方面给予关注：第一个方面是学校层面主抓的内容，主要涉及公安管理学学科定位、学科规划、学科设置、学位点设置、学科门类、学科结构与体系、交叉学科关系等，这些宏观问题的建设目的在于形成一些有影响力的学科群，顶层规划学校重点打造的一流学科，优化学校学科结构和学科布局。第二个方面是由专业教学院系承担，主要就公安管理学学科自身的建设作出规划，重点是完善学科群。形成科学合理的学科体系，包括公安管理学的学科划分、学科设置、学科建制、学科关系、学科职能等，从而使公安管理学学科的分支学科不断科学化、系统化、专业化。第三个方面是由教研室和学术团队完成，重点在于微观层面对具体学科研究方向、研究内容、研究方法和研究人员等作出细化设计和组织实施，通过凝聚学科带头人的智慧，遴选与培养学科基地建设等不断提高各个分支学科水平。公安管理学学科建设上述几个层面问题密切相关、互为影响，因此，公安管理学学科建设，可以理解为有关公安管理学建设学科或发展学科的活动，它反映公安管理学学科主体根据社会发展的需要和学科发展的规律，结合公安管理活动自身实际，采取各种措施和手段促进公安管理学学科发展和提高学科水平的一种社会实践活动。

二、公安管理学的学科性质与特点

公安管理学的学科性质问题，实际上是有关公安管理学究竟属于哪一个领域学科的问题。公安管理学的学科性质，是建立在与其他学科的相互联系、相互比较基础之上的。

（一）公安管理学与其他相关学科的关系

公安管理学是行政管理学、管理学和公安学的分支学科，在公安学科群的主体学科中具有十分重要的作用。它以管理学、行政管理学、公安学为学科基础，综合运用政治学、行政学、管理科学、社会科学等理论、技术与方法来研究我国公安管理活动及其客观规律，是实践性很强的一门应用性学科和综合性交叉学科。其中，公安管理学与下列学科的关系尤其值得我们重点关注。

1. 公安管理学与政治学

我国公安机关是人民警察的主体机构，公安管理是警察活动的重要组成部分，它作为国家权力依法完成其职能和任务，在维护社会大局稳定、促进社会公平正义、保障人民安居乐业、规制社会行为、抑制社会矛盾、维系社会秩序等方面体现出鲜明的政治性。在现代社会，因为警察已经渗透到政治生活的方方面面，警察活动乃人类政治生活的常态，警察权与公民权、警察职能与宪政、警察制度与政党制度等水乳交融，因此，公安管理学理论建设与政治学理论关系密切，但二者在研究领域上又具有比较明显的差别。政治学主要是研究国家的基本理论和基本制度，如国家的起源、构成要素、体制，国家的政治原则、政治权力、政治制度，以及其他政治性的原理原则和实践。公安管理学则吸收、借鉴政治学原理，对政府体制和政府行为等体现政治性的现象，利用于公安管理特定范畴，制定正确的政治目标和有效地达到这些目标的方法、技术和手段。因此，公安管理学的学科发展要借政治学指引其努力的方向，政治学则赖于公安管理学的不断充实来完善它的特有内涵。

2. 公安管理学与行政学

有学者认为，公安管理学源自于行政管理学，公安管理学的形成是从研究行政法律和行政管理实施开始的，其观点有其客观的合理性。笔者认为，公安管理学从行政管理学中逐渐分离并逐渐成为一门独立学科，主要有以下三点原因：一是公安管理活动内容的特殊性和广泛性足以使其系统化成为一门独立的学科；二是公安管理活动频率提升和社会需求重要性催生其学科研究并及时回应时代；三是公安学专业建设和人才培养发展促成公安管理学学科建设水到渠成。从现代学科领域看，行政学是以行政关系为研究对象的学科，其性质和内容是研究和规定公共行政管理的活动规律及其规范。例如，行政权力主体如何行使职权，行政体制和组织机构设置、行政原则、行政过程、行政方法、行政环境、行政效率等，其典型表述方式是各种行政规律、制度、规范。公安管理学则专门研究行政机构在推行和执行政务中如何行使有效的原理、原则和技术方法，尤其注重行政过程中的专门性、有效性。行政学与公安管理学都是以国家行政为中心观念的学科，前者有赖于后者不断充实其内容，后者则有赖于前者提供维护自身合法权威的规范，进而加强自身的性能。因此，公安管理学的学科发展要与现代社会中的行政学紧密联系、相互促进。

3. 公安管理学与企业管理学

管理科学是科学管理运动兴起以来人类一般管理活动的理论和方法的总称。一般认为，管理科学主要对企业管理作出探索，企业管理学则为改进企业的经营状况、提高生产率和增加利润提供理论依据，因此企业管理科学的价值追求在于价值最大化和效率质量的提升。现代社会企业管理理论、理念却不断对人类管理活动产生重大、直接的影响和推动，正如目标管理、精细化管理、绩效评价、风险管理、流程再造、标杆管理等源生于企业管理，但是在现代社会被广泛应用于公共管理。因此，公安管理学学科发展需要借用或吸收相当多的企业管理学的概念、词汇和方法，公安管理学与企业管理学在研究内容、范畴上存在差异，但是在理论研究方法上可以相互借鉴、相互影响和相互渗透。

4. 公安管理学与社会学

社会学是研究人类社会各种生活现象的学科。从广义上说，一切社会生活都是它的研究对象，其中包括社会公共管理的概念、方式和手段。公安管理学只有将管理现象置于广大的社会环境中来考察，才能获得比较符合实际的理论和解决办法。尤其是事关社会公共事业、事关民生的管理不仅是公共行政管理的重要内容，许多重大社会问题也是公安管理的主要范畴，许多事项只有依靠公安机关具备的国家行政法权地位和特有的方式、手段才能予以解决。可以说，诸多有关社会公共管理的研究是社会学和公安管理学共同面对的研究对象。因此，公安管理学与社会学是相互促进、相互支持的学科关系。

除了以上学科外，公安管理学与经济学、财政学、统计学、心理学、社会心理学、行为科学、运筹学、高等数学、计算机技术等学科都有着比较密切的关系。

（二）公安管理学学科性质

由上观之，就公安管理学的学科性质而言，它属于政治学、管理学、公安学、法学的综合交叉应用学科，在研究过程中必须坚持政治学方向和管理学的技术，体现公安学的专业特性和法学的精髓。

首先，公安管理学所研究的对象是政府行政管理的一部分，因而必然会涉及政府行政机关与立法机关、司法机关的关系问题，还会涉及行政机关在国家政权体系中的地位和作用问题、行政体制问题等一系列问题，这些问题不仅是行政管理学所要研究的问题，而且也决定了公安管理学的理论基础，所以公安管理学具有行政性。

其次，公安管理学又是公共管理学的一个重要分支学科。按照我国现行的学科分类，公共管理学作为一个一级学科，下面包含了多个二级学科，如公安管理学、公共事业管理学、土地资源管理学、劳动与社会保障学、公共政策、公共卫生事业管理、教育经济与管理等。公安管理学研究范畴的特殊性，决定其属于公共管理学的最为基本的一个二级学科，所以公安管理学具有公共性。

再次，公安管理学的研究也离不开公安学的指导。一方面，我国公安机关在管辖范畴、内容上涉及大量的社会公共安全事务、刑事司法事务等，因此公安管理学研究不可回避公安工作的一般规律、原理和原则；另一方面，在方法论上，公安管理学也要接受公安学的指导，如公安工作性质、本质，公安工作方针、政策、路线，公安工作职责、任务等问题，这就有必要引进公安学的理论基础和研究方法。所以，公安管理学也具备公安学的基本特性，它是公安学基础分支学科之一。

最后，公安管理学与法学之间存在着密不可分的关系，具备公安法学的特性。依法行政是现代行政管理的本质要求，公安管理学必须研究依法行政的条件、过程、要求和规律，公安管理学的研究者需要懂得法学的基本理论，特别是要了解公安法学的基本理论和内容，这样才能实现公安管理的法治化。

（三）公安管理学学科特点

从高层次看，它包含社会科学、心理学、思维科学、系统科学、自然科学和行为科学等；从低层次看，公安管理学是一个由行政管理学、公安学、公安法学、管理学、领导科学、决策学等内容所构成的复合学科。具体表现为以下几个方面。

1. 公安管理学反映了行政管理学的特点

公安管理的主要范畴之一是履行国家行政管理的部分职能，所以公安管理学是行政管理学的一个分支，是一种专业行政管理学或部门行政管理学，它当然具有行政管理学的特性和规律。

2. 公安管理学具有“公安学”的特点

这里所说的“公安学”是指以研究公安实践基础理论、基本原则、基本方法和基本技术的学科。“公安学”是由诸多专业分支学科构成的一个学科体系，公安管理学是“公安学”这一体系中必不可少的一门主干学科，它同其他公安学科在本质属性上是一致的。

3. 公安管理学具有社会学的特点

公安管理包含着公安机关对国家安全事务、社会公共事务、公安机关自身事务的管理，它是对公安管理活动一般规律的研究，其研究范畴涉及广泛的社会问题，必然反映出公安管理学学科具有的社会学基本特征。

4. 公安管理学具有法学的属性

主要体现在：实施公安管理的主体是国家执法机关之一的公安机关，公安民警是国家的执法人员；公安管理的职责与权力是国家法律赋予的，具有极大的强制性；公安管理的目标和任务，是国家法定的，具有较高的权威性；公安管理的方法、手段、措施和程序，主要部分已经纳入法律规范，必须依法办事；公安管理的结果必将产生一定的法律后果与社会效益；公安机关自身管理也日渐法治化，因此，公安管理学体现出极强的法学特征。

5. 公安管理学具有行为科学的属性

行为科学是西方管理科学的一个学派，是运用社会学、心理学、社会心理学等学科的理论和方法来研究人行为的一门综合性边缘科学。在公安管理学中，一个核心问题就是用行为科学的原理、方法去激发人的积极性，协调人际关系，协调个人与组织的关系，以实现组织目标的优化。因此，公安管理学含有行为科学的属性，是行为科学在公安管理中的具体运用。

三、公安管理学学科建设的关键

加大公安管理学学科建设步伐，不断推动公安管理学理论的深化，目前的关键性问题是如何加快公安管理学研究人才队伍建设和科研学术动力的激发。

（一）公安管理学研究人才队伍建设

学科建设的关键是研究人才队伍建设，即需要建成一支具有高学历、高素质、高效率和敢于理论创新、学术背景结构合理、年龄梯次衔接的专门研究人才队伍。尤其是公安管理学研究团队的成员结构合理、素质互补、学科交叉、资源共享是创新和发展学科理论的基础和保障。但是，从目前我国公安管理学学科研究队伍现状看，实际情况不容乐观，表现为研究力量总体薄弱、学术团队的基础建设不尽扎实，理论创新后劲不足。全国公安机关专门从事公安管理学学科理论研究的人员不足百人，开设公安管理学本科专业（方向）的院校仅有5所，正式出版的公安管理学本科教材及其专著不到百种，如此薄弱的研究力量和学术积淀无不昭示出公安管理学学科实力的单薄和脆弱。因此，加大公安管理学学科理论研究人员队伍建设乃当务之急，具体可以从以下五方面入手：第一，加大学术研究力量实力。将大量受过系统培训，有较扎实的理论与实践基础的公安管理实践工作者和中青年教师，以科研项目为平台，培养和充实到公安管理学科研、教学团队中，以此提升公安管理学理论创新能力。第二，不断争取科研项目和经费，鼓励从事公安管理学教学、科研的中青年教师加大科研力度，走出理论研究象牙塔，联合实战部门和公安管理专家协同创新，力争使研究成果在数量上提高，在理论上创新。第三，鼓励公安管理学教学研究人员积极参加各种学术会议，尤其是国内各种涉及公安管理改革与发展的专业会议，提升学术水平，增强学术参与的频率和话语权。第四，加强公安管理学教学研究的国际化交流，鼓励专门人才走出去，加大外请专家、学者进校园、进课堂，加快国外、境外警察管理著作、教材翻译出版工作。第五，引进候鸟型人才，引领公安管理学学科向更高层次发展。

（二）公安管理学科研学术动力的激发

明确公安管理学的科研方向有利于促进公安管理学学科建设持续发展，有利于学术团队始终围绕既定目标，不偏离学科建设的发展方向，反之，系统成熟的理论成果又能提升公安管理学学术团队的自身建设和学科整体水平的社会认可度。这种良性运行机制的形成关键在于科研学术动力的激发和培育，具体来说可以从以下方面努力。

1. 以学科带头人培养为抓手，促进学术团队建设

目前，在国内公安管理学的学科建设已经成为公安学一级学科建设中相对建立时间长、学科成熟度较高的二级学科，保持这一优势首先应以培育学科带头人为先导，始终保持公安管理学学科研究力量国内领先，始终保持公安管理学学科建设持续发展不断线。

2. 加大科研经费投入，激发更多人主动关注或乐于投身到公安管理学学科建设

可以设立公安管理学学科建设奖项、基金，打造广域的学术科研平台，吸引更多的人自觉开展公安管理学理论研究。

3. 加大协同创新力度，扶持公安院校与公安机关联合、理论工作者与公安管理实践者之间横向开发科研课题

从公安管理实践面临的问题入手，在破解实践中发展和创新公安管理的理

论，促进公安管理学学科建设更接地气、凸显特色。

4. 深化科研管理体制机制改革，促进公安管理学学科发展永葆动力

我国科研事业改革始终在党中央、国务院的正确领导下稳步推进，中央先后发布的《关于科学技术体制改革的决定》（1985 年）、《关于加速科学技术进步的决定》（1995 年）、《关于加强技术创新，发展高科技，实现产业化的决定》（1999 年）、《关于实施科技规划纲要增强自主创新能力的决定》（2006 年）、《中共中央关于全面深化改革若干重大问题的决定》（2013 年）等纲领性文件，为科研管理体制机制改革指明方向，公安管理学学科建设的科学规划、政策引导和绩效评价、管理手段等也必须不断加大改革力度，尤其是公安高等院校应当制定更加优惠的奖励、激励机制，鼓励青年教师投身到公安管理学学科研究中，对成绩突出、成果显著的应给予更高等级的奖励，用更加吸引人的政策引导教师乐于自觉开展理论研究，不断完善科学的科研考核制度，对在公安管理学学科建设中作出突出贡献的也要给予立功受奖的机会和荣誉。

参考文献：

[1]［美］罗宾斯等著：《管理学（第 7 版）》，孙健敏等译，中国人民大学出版社 2004 年版。

[2] 周三多等编著：《管理学：原理与方法（第五版）》，复旦大学出版社 2011 年版。

[3] 郭朝阳编著：《管理学（中国版）》，北京大学出版社 2006 年版。

[4] 谢桂华著：《高等学校学科建设论》，高等教育出版社 2011 年版。

[5] 李雪峰著：《中国管理学——融通古今的管理智慧》，中国人民大学出版社 2005 年版。

[6] 翟亚军著：《大学学科建设模式研究》，科学出版社 2011 年版。

第二部分

公安学之二级学科公安管理学的设置及学科定位

苏　娜

公安管理学是我国公安院校中设立最早也是发展最快的一门学科，自1984年中国人民公安大学建校始，就设立了公安管理学专业，至今已有三十多年的发展历程，取得了显著的成就，为公安工作的发展作出了重要贡献。然而遗憾的是，长期以来，公安管理学学科地位及归属问题一直没有明确，影响了学科建设及其进一步的发展。2011年3月，国务院学位委员会和教育部联合印发《学位授予和人才培养学科目录（2011年）》，明确增设两个一级学科：公安学和公安技术学。2011年4月，根据国务院学位办关于成立临时学科评议组的相关文件，中国人民公安大学牵头成立了公安学临时学科评议组，并提交了公安学二级学科目录的基本框架，① 公安管理学与治安学、侦查学等11个学科名列其中。尽管目前专家学者对于公安学二级学科体系的构建仍处于“百家争鸣”的状态，② 但公安管理学隶属于公安学二级学科的地位得到了专家们的一致认同，基于此，公安管理学隶属于公安学二级学科的地位明确，开启了公安管理学学科建设的新征程。

对公安管理学的研究与思考自该专业设立始，就一直是公安领域专家学者关注的热点，经历了近三十年持续漫长的研究与积累，公安管理学不断深化和提升。学科发展成绩的背后也应清醒地看到，现有的公安管理学研究主要集中

---

① 程琳：《以新设公安一级学科为龙头，努力开创公安教育新局面——关于公安一级学科建设与发展的若干思考》，载《中国人民公安大学学报（社会科学版）》2011年第2期。

② 吴跃章：《公安学二级学科体系构建研究》，载《中国人民公安大学学报（社会科学版）》2013年第2期。

在实践层面，理论思考较少，许多研究都是问题导向、应用层面，且研究主题较为分散，研究边界模糊，研究方法欠缺严谨性和独特性，造成公安管理学学科发展缓慢。究其根源，公安管理学学科定位模糊是制约学科发展水平提升的重要因素之一。当前公安学一级学科设立，公安管理学二级学科地位随之被明确，加之现实公安管理工作的不断发展变化，迫切需要拓宽思路、多视阈思辨，重新理性思考公安管理学的学科定位，包括明确学科属性、学科研究的对象、范畴及研究方法等问题，唯此才能提升公安管理学研究的水平，推动我国公安管理学学科不断向前发展。

一、公安管理学学科发展的历史流变

自 1984 年中国人民公安大学开设公安管理学本科专业至今，公安管理学学科建设走过了三十二个春秋，大体上经历了四个发展阶段。第一阶段：创建发展期（1984—1992 年），中国人民公安大学、江苏警官学院和福建警察学院分别于 1984 年、1985 年和 1986 年成立了公安管理系，开设公安管理学本、专科专业。在此期间，公安管理学学科体系初步形成，编写出版了《公安管理学概论》、《公安信息学》、《公安政工学》、《公安决策学》、《公安管理心理学》、《公安秘书学》等教材。第二阶段：改革发展阶段（1993—2003 年），经国家教委专家组研究论证，于 1993 年将公安管理学更名为警察管理列入本科专业目录，随之，中国人民公安大学公安管理系更名为警察管理系。1994 年 12 月，中国警察学会警察管理科学专业委员会暨中国行政管理学会公安管理研究分会成立，办事机构设在中国人民公安大学警察管理系，大会提出“向管理要警力、向管理要战斗力、向管理要破案率”，推动了公安管理学研究的纵深发展。[①] 1998 年，教育部专业目录再次进行修改，警察管理专业被并入行政管理专业，相关公安院校随之改招行政管理专业本科生。第三阶段：学科恢复巩固阶段（2004—2011 年），2004 年教育部恢复了公安管理学专业，并批准重新招收公安管理学专业本科生，在此后的七年里，公安管理学研究成果逐年递增，人才培养体系涵盖专科、本科、硕士、博士层次及成人高等学历教育，为公安工作培养输送了大量合格毕业生。第四阶段：快速发展新阶段（2011 年 3 月至今），随着公安学、公安技术学一级学科的设立，公安管理学二级学科地位明确，公安管理学学科建设进入快速发展的新阶段。

长久以来，公安管理学都被定位在“公共管理—行政管理—公安管理学”

---

① 于群、谭羚雁：《公安管理学科建设与公安管理人才培养的思考》，载《云南警官学院学报》2013 年第 2 期。

学科架构模式里，公安学界及高等教育界也都认为公安管理学是行政管理学的一个分支学科。1986年俞雷在《公安管理学概论》中就提出："公安管理学是行政管理学的一个分支，行政管理学的原理、原则对公安管理学有指导意义。"1996年孙晓东在《公安行政管理》中提出："公安行政管理，即公安管理，是国家行政管理体系的组成部分，是一般行政管理学的一个分支学科，属于部门行政学的范畴。"1999年杨健和在《公安管理学》教材中定义："公安管理，亦称公安行政管理，是国家行政管理的重要组成部分。"① 2002年，张光教授在其专著《公安行政管理原理》中指出："公安行政管理是国家公共行政的重要组成部分，所谓公共行政就是国家机构有效地推行国家政务和实施公共管理的活动过程。"不可否认，公安管理学是行政管理学在公安领域具体运用所形成的学科，在公安学一级学科没有设置之初，公安管理学选择行政管理学作为其上位学科，借助行政管理学成熟的理论体系，推动了公安管理学学科的创建与发展。学科归类是历史的产物，而非人为制造，学科地位与归属由"学科逻辑"和"社会需求逻辑"两方面决定。由于公安管理学与行政管理的学科任务存在较大区别，研究对象及研究内容存在较大差异，公安管理学的基础理论、方法、技术并非主要来源于行政管理学，加之公安管理工作对公安管理学研究及公安管理学人才日益迫切的需求，如果继续将公安管理学纳入行政管理学学科体系，则不利于公安管理学的理论研究和学科建设的发展，不能满足公安管理工作的实际需要。因此，随着公安学一级学科的诞生，将公安管理学列入其下设的二级学科，不仅遵循了公安学、公安管理学学科的发展规律，也顺应了公安工作实践发展的需求。

二、设立公安管理学二级学科的合理性分析

设立公安管理学二级学科的无争议事实，是严格遵循国家学科划分标准规定进行划分得出的结果。国务院学位委员会、教育部于2009年2月颁布的《学位授予和人才培养学科目录设置与管理办法》（学位〔2009〕10号）第九条规定，二级学科是组成一级学科的基本单元。二级学科设置应符合以下基本条件：（一）与所属一级学科下的其他二级学科有相近的理论基础，或是所属一级学科研究对象的不同方面；（二）具有相对独立的专业知识体系，已形成若干明确的研究方向；（三）社会对该学科人才有一定规模的需求。2011年3月1日起实施的《授予博士、硕士学位和培养研究生的二级学科自主设置实

① 公安教材编审委员会编：《公安管理学概论》，中国人民公安大学出版社1986年版。

施细则》规定，二级学科设置的基本条件除前述三项条件之外，还要求学位授予单位应具备设置该二级学科所必需的学科基础和人才培养条件，有一支知识结构、年龄结构和专业技术职务结构合理的教师队伍，能开设培养研究生所需的系列课程。依据以上规定标准，公安管理学学科隶属于公安学二级学科，毋庸置疑。

（一）公安管理学是公安学的重要组成部分

公安学是研究维护国家安全与社会公共安全的公安警务活动及其规律与对策的学科。① 研究对象主要包括社会治安秩序及其维护，违法犯罪现象原因、因素、内容、形式、规律及其预防和查处的途径、方法与手段，公安工作发展的历史、现状及未来，公安机关及公安队伍自身建设及发展规律等。② 公安管理学是研究公安管理活动各种现象和规律，指导公安机关进行科学管理的学科。维护国家安全和社会安全均离不开科学有效的管理，包括公安机关对社会的管理及自身管理。公安管理按照法治原则，综合运用现代管理理论、管理科学、管理技术与方法，研究公安管理活动及其客观规律，有意识、有计划、有组织地进行管理、协调和控制工作，为提高公安系统功能，保卫国家安全，维护社会稳定作出积极贡献。由此可见，公安管理是维系公共安全的基本要素，公安管理学理应成为公安学的基本单元。

（二）公安管理学研究对象相对独立、知识体系较为完整

公安管理学的研究对象是公安管理活动中的各种现象与规律，是一种特殊的管理活动。从公安工作的性质、特点和任务来看公安管理学的研究对象，包括了两个部分：一是研究公安机关对社会整体安全的控制和管理规律，二是研究公安机关自身的管理、配置、协调与运作规律。公安管理学与其他 10 个二级学科从不同角度、不同侧面涉及公安学的对象，这些学科之间虽有些许交叉，但基本学科边界明晰，且研究对象均属公安学范畴。

公安管理学经历了三十年的发展积累，初步形成了较为完备的专业知识体系，主要包括三大模块：一是公安管理学的基础理论研究，主要涉及公安管理学的基本概念、基础理论、研究对象及范畴、研究方法，以及国外警察学比较研究；二是公安管理的基本理论、原理、技术方法及业务研究，包括管理与管理科学、公安管理及定律、公安组织架构、公安人力资源、公安管理制度、公

---

① 李健和：《公安一级学科建设若干思考》，载《中国人民公安大学学报（社会科学版）》2010 年第 1 期。

② 程小白、曾隆满：《关于公安学学科体系构建与发展的思考》，载《公安教育》2011 年第 10 期。

安管理过程优化与控制、公安管理的绩效评估等；三是公安管理专门工作的研究，包括公安领导、公安队伍建设、公安教育培训、公安警务保障管理、公安决策、公安公共关系等。

（三）公安管理学学科社会建制不断成熟、学科成果应用增强

学科社会建制指学科的制度化建设，表现为教学科研机构与学术组织的建立，专业设置及教学培训的普及，基金资助的来源增加，出版渠道的多样化。[①] 尤其是公安学一级学科的设置及公安管理学二级学科地位的明确，全国很多公安院校开始创建公安管理学专业，截至目前有14所公安院校开设了公安管理学专业或公安管理方向的专业；研究生教育方面，中国人民公安大学、中国刑事警察学院两所院校具有公安管理学硕士点。公安管理学专业招生规模不断扩大，各级公安机关也将公安管理学作为公安教育培训的主要课程，与此同时，公安管理学研究学术交流日益广泛、“校局合作”、“校校合作”频繁，省部级课题不断增多，创新成果不断涌现。笔者通过知网查询近十年来公安管理的研究成果发现，文献的数量每年增加，且增加幅度较大，研究层次不断提高，博士、硕士论文每年递增，学术会议论文也明显增多，以上事实表明公安管理学学术氛围不断被优化，研究的关注度也不断提高，研究成果应用也逐渐加强。

（四）公安管理学人才社会需求强烈

当前，我国正处于经济、社会转型和快速发展的新阶段，社会分层、贫富分化、观念多元、社会流动性剧增等社会问题都给公安管理工作带来了极大挑战，使公安管理人才的社会需求强烈增加。由于现代化进程的加快、网络技术的迅猛发展、人民群众法制意识和维权意识的不断加强，对公安管理工作的合法性、科学性要求也越来越高。公安管理工作对公安管理人才的需求层次不断提升，迫切需要兼具法律知识、网络技术、管理科学、公安管理业务知识及技能的复合型、高层次的公安管理学人才。

三、公安管理学学科定位的审视与重塑

学科的建设与发展并非无章可循，而是具有其运行的内在规律。一般来说，学科定位问题是学科建设与发展的首要任务也是关键任务，只有科学地把握学科定位才能为学科发展的方向掌好舵，进而科学规划学科发展的层次。公安管理学也不例外。作为一门学科，公安管理学的学科定位是什么？从理论上来讲，就是把公安管理学学科放到一定的学科背景中，考察它在这个体系中的

---

① 陈振明：《公共管理的学科定位与知识增长》，载《行政学理论》2010年第4期。

地位，并揭示它的学科性质、特点以及学科建设的方向与层次。公安管理学的学科定位问题，不仅要放到学科背景中，而且要放在公安工作、社会生活的相关领域中去考察。基于公安管理学学科的综合性、应用性与实践性的本质，它的定位实质是公安管理学作为一门学科，在公安工作、社会活动等领域及其与其他学科的相互关系中所处地位所具有的性质、功能，并为学科建设指明的方向。

（一）公安管理学学科定位模糊

判断一个学科及研究范式是否成熟的基本依据或主要标准是：学科范围和边界的确定、学科知识的增长和累积、研究方法的适用性和独特性以及学科社会建制的相对完善。① 依据以上标准来看，公安管理学虽然已经成为一门独立的学科，但还处于发展的初级阶段。在过去的 30 年里，公安管理学的学科定位一直比较模糊、研究范畴和边界也不甚清晰，导致公安管理学研究主题分散，缺乏中心议题和研究总体框架，阻碍了公安管理学研究向高水平、高质量方向发展。公安管理学领域大量的研究及成果都属于问题导向和实践导向，理性思辨不足，“应用性”研究代替了“基础性”、“理论性”思考，过多的倾向于对公安活动经验及政策的描述与总结，缺乏前瞻性，因而对于学科知识的累积没有贡献。公安管理学学科的教学组织也呈现出大杂烩状态，课程设计缺乏严谨的逻辑性，课程体系变成相关学科知识和课程的简单拼凑组合，缺乏主导型分析框架及共通的基础知识体系。这也导致公安管理学专业的学生及用人单位普遍反映“学的课程多，知识面宽，但都不精，缺乏专业技能”的问题。

1. 学科研究主题和范围宽泛

综观公安管理学三十多年的发展历程，学科研究的主题和范围一直处于比较模糊、宽泛的状态。有些学者认为，公安管理学的研究主题应围绕公安组织内部，包括组织架构、组织运行、组织制度、组织发展规律、绩效评估等；有些学者则认为，仅仅围绕公安机关内部管理的研究主题和范围，过于狭隘，不够全面，认为公安管理学研究范围应由公安机关内容扩大到外围的社会管理层面，因而出现了一些跨界研究，如跨到治安学、侦查学、公安情报学等其他二级学科的研究范畴。尤其是伴随着当前国家社会转型、现代化进程不断推进，产生了很多社会问题，公安机关作为党和政府社会治理的排头兵，处于各种矛盾纠纷的前沿阵地，在面对各种社会矛盾与问题的时候，都希望从公安管理学那里求得理论解释与应对办法。这样的社会需求也致使公安管理学研究的主题和范围不断扩大，不再把公安机关组织内外的两个部分静态地分开研究，而是

① 陈振明：《公共管理的学科定位与知识增长》，载《行政学理论》2010 年第 4 期。

将公安机关作为社会网络的一个组成部分来研究，研究对象涉及公安机关与社会、公安机关权力边界、公安机关与社会合作等。公安管理学学科研究主题的不断扩大，是公安机关管理活动在信息化、全球化、现代化加速背景下不断发展变化的结果。过于宽泛的学科研究主题和范围，使公安管理学的研究分散、庞杂，难以形成核心的研究议题，也缺少一个严谨的学科主导性分析框架。①

2. 学科知识体系庞杂

如前所述，随着社会转型、现代化进程的加速，以及信息技术的迅猛发展，社会矛盾和社会问题与日俱增，公安机关打击违法犯罪、维护社会稳定、实施社会管理事务日趋庞杂，加之社会对公安机关提出了更多更高的安全需求，导致公安机关的职能范围急剧扩大，几乎涉及了社会管理的方方面面。基于公安管理学是研究公安管理活动现象与规律的学科本质及研究目标考虑，公安管理学学科的研究就不得不紧跟公安管理实践的步伐，因此研究主题和范围也不断被扩大。为了满足公安管理实践需求，公安管理学学科将越来越多的其他学科的知识、技术和方法引入到本学科的研究、科研与教学中，包括管理学、政治学、社会学、法学、经济学、心理学、财政学，等等。公安管理实践的变化之快、对应对办法的迫切需求，使得公安管理学学科的研究与教学疲于应对，各种学科知识和方法只是和公安管理学学科知识进行了简单的嫁接，没有真正建立起属于自身学科的知识和方法体系。

（二）公安管理学学科定位

1. 明晰学科研究边界

公安管理学学科的定位，首先要搞清楚公安管理的内容和概念。公安管理是指公安机关依法运用科学的管理方法，对社会整体实施公共安全的管理，其管理目标是维护社会安全与稳定，其管理过程中要力求公安权力资源及其他警务资源的有效配置，追求效率与执法公平。从管理效率的角度来定义，公安管理指公安机关运用依法授予的权力，运用科学的管理理念、思想和方法、技术，对法定社会公共事务实施管控，以实现公共安全的管理目标。因此，公安管理并不局限于公安机关内部资源的配置和管理，而是包含社会整体的管理、协调与控制，公安管理的过程必然包含公安机关与社会其他组织的互动作用。基于此，公安管理学作为一门研究公安管理现象与规律的学科，其研究范畴也必然包含公安机关内外两个子系统，以及两大子系统间的相互作用。

由于公安管理属于政府行政管理、公共管理范畴，因此随着“新公共管

① 曹鲲：《公共管理学科规范发展的基本路径：学科定位与教学模式革新》，载《内蒙古财经学院学报》2012 年第 3 期。

理”思潮的引进，建设“服务型政府”体制改革的提出，公安机关提出了新的目标：建设人民满意的服务型公安机关。可以看到，当前的社会形势赋予了公安管理新的内容，其主体更加广泛，由于其引入了市场机制，所以要更加注重公安机关外部的社会环境因素，公安管理目标除了维护社会安全稳定外还要注重公平、正义和民主。① 公安管理理论的发展与公安管理实践息息相关。公安管理学与主流的社会科学如政治学、经济学、法学等不同，它的形成演变历史决定了它是一门综合性应用学科，它既是一种学术研究，也是一种社会实践。

公安管理学的发展需要汲取多种学科知识和方法，因此它的知识领域是分散且庞杂的，然而这与公安管理学学科的独立性发展并不相斥，相反，公安管理学学科的发展需要这些知识的养分，但必须处理好与其他相关学科的关系。如公安管理学与公安学、公安管理学与公安学下的其他二级学科的关系，需要聚焦本学科的核心主题，梳理出本学科基本的研究领域、研究方向以及核心议题。综观多数学者对公安管理学研究范畴的界定，主要有以下几部分：公安管理的主体研究、公安机关管理运行研究、公安管理业务工作研究、公安管理相关制度研究、公安管理人财物研究、公安管理技术方法研究。以此为主要框架可以将公安管理学知识进行集中和划分，有助于搞清楚与其他学科的区别，有助于梳理划分本学科的主题领域、研究方向，提炼出核心议题、课题，为公安管理学学科研究的发展指明方向，推动公安管理学学科纵深发展。

2. 创新学科研究方法

社会科学研究方法常分为三个层面，即方法论、研究方式、具体方法与技术。② 方法论属于哲学层面，揭示事物本质的根本方法，具有普遍性。公安管理学研究的方法论和许多其他学科一样都要遵循辩证唯物主义和历史唯物主义方法论。研究方式一般包括调查法、经验法、模拟法、实证研究法、比较研究法、数学研究法、概念分析法等。具体方法与技术是指收集和处理研究数据、材料的具体方法和技术。公安管理学属于社会科学范畴，因此其研究方法也包括以上三个层面，异同点在于因为公安管理的特殊性而导致的具体方法和技术层面的差异。

从目前的公安管理学研究成果来看，研究方法多集中在经验法、调查法、概念分析法和比较法上，研究方法上的不足造成了公安管理学在知识应用及积累上与其他学科的显著差距。公安管理学研究偏重于经验总结与分析，导致了

---

① 任志安：《中国特色公安管理学的定位》，载《科教文化》2013 年第 3 期。

② 王晶舒：《社会科学研究方法的层次》，载《学理论》2010 年第 31 期。

其技术理论性的缺乏，即对于管理科学、数学研究法借鉴不足，因此研究结论显得草率而不具科学严谨性。因此，公安管理学的研究需要定性方法，引入数学研究法、模拟法、统计法、系统分析法等现代科学方法论及技术方法。针对公安管理学缺乏严谨研究方法的现状，学界应加强本学科研究方法的探索与引进，尤其是从问题（或假说）的提出到理论的形成、检验和发展的这一研究过程的研究方法、技术。与此同时，公安管理学研究还需要加强经验研究中引入诠释性、批判性的分析方法，以及实证研究方法技术的补充。只有严谨、科学的公安管理学研究方法的形成与应用，才能不断提升本学科科学化和学术化水平。

第三部分

公安管理学内容体系的合理建构

丁　信

公安本（专）科类院校中公安管理学课程的设置已有三十多年了，先后出版使用了多个教材版本，虽然教材内容不断变化，但缺少实质意义上的更新和创新，特别是关于公安管理活动规律的内容各个版本的教材基本上没有涉及，而公安管理活动规律的内容既属于公安管理学定义的主要因素，也属于公安管理学内容体系的重要组成部分。各个版本的教材在关于公安管理内涵的界定上，表面上是清醒的，但一涉及具体内容时却又陷入公安管理与治安管理职权与内容扯不清的状态，如关于公安管理的特点、公安管理职权、公安管理效益、某某原理在公安管理活动中的应用等，都是用属于治安管理的特点、职权、效益和应用来代替公安管理的特点、职权、效益和应用，其结果是“种了他人的地，荒了自己的田”。在关于公安管理学的学科属性上各个版本的教材都定位在行政管理学的范畴，而事实上，在公安内部管理上是无“政”可“行”的，国家所颁布的《行政许可法》所调整的对象涉及公安机关的治安管理活动，而非公安管理活动。凡此种种，公安管理学内容的更新势在必行，但究竟如何建构其合理的内容体系，从公安管理实际出发，结合自己多年的学习心得和讲授公安管理学的体会，谈一谈自己对这个问题的认识。

一、关于公安管理学研究内容的方向定位

公安管理是指公安机关为实现组织目标（保卫国家安全、维护社会治安秩序等）所依法进行的一切内部协调活动和控制活动。广义的公安管理包括两个方面的内容：一是公安机关对自身的管理，或称为公安机关内务管理；二是公安机关依法对社会公共安全进行的管理，也称为大治安管理。对社会公共安全进行的管理，由于其范围广泛，职能独立，学科众多，分别对治安管理

学、交通管理学、刑事侦查学、安全保卫学等学科进行研究和界定。因此，狭义的公安管理学所研究的范围主要是公安机关自身的管理，同时考虑到公安机关依法对社会治安所承担的责任和使命，在具体研究对象的设定上，以内务管理服从并服务于大治安管理的思路拓展研究的空间和对象。公安管理学所主要研究的范围是狭义的公安管理，即公安机关或公安组织依法对自身进行的管理。

二、关于公安管理学学科属性的准确定位

公安管理不但具有一般管理的共同特征和本质，同时又具有自己的特点，属于内务管理的范畴。在这一意义上公安管理与企业管理、军事管理等活动属于同一类型，也具有同等的地位和价值，因此公安管理学是研究公安（内部）管理活动及其客观规律的学科，从属性上看，属于管理学的范畴。事实上，公安工作中治安管理活动才具有行政管理的性质，治安管理学也才属于行政管理学的范畴。

不同的学科属性定位带来不同的研究重点。将公安管理活动定位在内务管理范畴、将公安管理学的学科属性定位在管理学的范畴，研究重点自然落在如何通过一系列的组织、协调和控制活动来提高公安工作的效率以及公安业务工作的效益。而如果将其定位于行政管理学的范畴，研究重点自然会落在如何通过一系列的组织、协调和控制活动来保证公安业务工作的效果，即依法行政，显然后者不属于我们研究的目的和方向。

三、关于公安管理学研究内容的价值定位

大学开设不同专业的目的是使学习者进行专业知识的深化和专业技能的强化。警察管理专业所开设的公安管理学专业课程，就是希望通过对相关知识（包括常识和经验）的学习，能够让初学者（普通学历教育对象）了解公安管理的内容和项目，掌握公安管理的基本方法，开阔视野，历练本领；能够让继学者（在职教育对象）理清公安管理的思路，找到提高管理水平的方法，促进公安管理工作的系统化、科学化开展；能够为各级公安领导和管理人员提供明确的管理范围、管理目标、管理手段和管理措施；也能够为各公安类院校的研究者提供一个更加广泛的研究作业平台和完善的框架。基于以上目的的选择和目标的确定，我们在进行教材编写时既要考虑常识性、知识性和历史性内容，还要考虑现实性、创新性和可操作性内容，尤其是考虑到该教材的适用对象主要是各公安院校的本科、专科学生。因此，应保证教材内容在开阔视野、丰富知识、坚持与时俱进的同时，还应当具有一定的实践性和可操作性（如

关于决策决断、组织指挥、沟通协调、约束控制能力的训练)，使学员在系统学习公安管理学知识体系以后，不仅在思想观念上有一个较为全面和准确的认识，在管理能力上也有一个较大的提升，培养真正符合公安部门实际需要的组织管理活动应用型人才。

四、关于公安管理学研究内容的创新定位

在明确了公安管理学研究内容的价值定位以后，接下来就是关于研究内容本身的创新定位。根据学科及课程建设的基本规律，公安管理学在研究的内容体系上既要研究公安（警察）内部管理基本规律，也要研究新时期公安（警察）内部管理创新成果，还要研究新时期党和国家在坚持以人为本，构建和谐社会，落实科学发展观，全面依法治国的理念下，对公安管理工作的指示、引导和要求等。

（一）公安（警察）内部管理基本规律

所谓规律，是指自然界和社会诸现象之间必然、本质、稳定和反复出现的关系，或者说是事务之间内在的、本质的、必然的联系。在已有的公安管理学教材的内容体系中，关于公安管理规律的内容几乎没有，即使涉及也是要么意思不够明确（如“思想政治工作”仅仅作为队伍建设的内容而没有上升为公安管理活动规律的高度)，要么以治安管理规律代替公安管理规律，如关于“公安工作为经济建设服务（或保驾护航）的规律”或“公安机关为经济基础服务规律”就属于治安管理活动规律或公安工作规律，而不直接属于公安管理活动的规律。而事实上，在公安（警察）内部管理活动中，管理规律贯穿管理活动的始终。从“公安队伍建设促进公安业务建设”、“从严治警先治长，依法治警先治政”、“人事决策重于业务决策”、“制度建设是根本，文化管理是境界”，到公安管理“体制决定效益，机制决定效率”、公安工作要“严格执行法律，完整落实政策”、“系统整体功能大于部分功能相加之和”、“思想政治工作是一切工作的生命线”、“抓住关键的少数”等都属于公安（警察）内部管理规律。对于这些管理规律，我们在教材中既需要研究其内涵、内容和思想，也需要研究如何贯彻、落实和实施，只有这样才能在管理活动中使我们的管理手段和方法尽可能符合管理规律，避免因管理异化而遭受规律的惩罚。

（二）新时期公安（警察）内部管理创新成果

在公安管理学教材中，要把全国公安机关尤其是公安部最近几年来根据社会发展的客观实际出台的一系列有关公安（内务）管理的、具有普遍意义的、行之有效的管理制度、管理措施、管理方法等创新成果以一定的形式固定下来，同时进行内容上的丰富和理论上的升华，以建立科学有效的警务管理制度

体系。自2000年以来，公安部在对全国公安机关内务管理问题上，出台了一系列行之有效的管理制度和办法，这些制度和办法对维护公安民警权益，保障公安民警公平、公正执法，实施人性化管理，尊重和保障人权，构建和谐社会等方面都产生了直接的促进作用。如2003年关于在公安队伍管理上实施的“五条禁令”，在严格要求公安民警遵守纪律的同时，也保护了大批民警远离违纪的边缘；第二十次全国公安会议和2004—2008年全国公安队伍正规化建设纲要所提出的派出所“五小工程”建设，班子建设的四项要求，建立“两个”三种制度，落实三个必训，警务五个公开，队伍建设的四统一、五规范，以及“人要精神、物要整洁、说话要和气、办事要公道”的形象展示和亲民要求等都属于新时期公安（内务）管理创新成果。自2005年年底开始实施的全国公安民警心理健康教育工作，对于疏导民警心理压力、调整工作心态、掌控自我情绪、增强自信和信念，提高公安队伍的士气和战斗力等，都有显著的意义和价值。2009年公安部开展的“三项建设”，即执法规范化建设、信息化建设、和谐警民关系建设，所有这些在公安管理学教材中都应当有所体现。

（三）新时期党和国家领导人对公安管理工作的指示和要求

从党和国家第一代领导人开始，“国家安危，公安系于一半”的信念就深入每位公安民警的思想深处；改革开放之初邓小平同志曾经指出，中国的问题，压倒一切的是需要稳定。1995年10月15日，江泽民同志为济南交警题词——“严格执法　热情服务”。在第二十次全国公安会议期间，胡锦涛同志深刻指出，在全部公安工作中，队伍建设是根本，也是保证。2003年11月18日，中央下发了《中共中央关于进一步加强和改进公安工作的决定》，简称“公安九条”，是指导全国公安机关做好新世纪、新阶段公安工作的纲领性文件，它从九个方面进一步明确了公安工作的性质、地位、作用、目标和任务，对长期困扰公安工作和公安队伍建设的一系列重大问题，提出了解决的基本原则和明确要求，为今后一个时期公安工作的发展指明了方向。2015年2月《关于全面深化公安改革若干重大问题的框架意见》中有关公安管理的内容。所有这一切都是公安管理工作实践中所坚持的原则或指导思想，在公安管理学中都应当有所体现和落实，这样才能既保证教材的内容理论联系实际，也体现了教材内容本身的与时俱进。

五、关于公安管理学内容体系的合理构建（设想）

经过前面的分析可知，公安管理学在研究范围上主要限定在公安内部管理方面，即公安机关或公安组织依法对自身的管理。在研究的内容上，既包括有关管理活动的基本理论、基本原理、基本职能等不变因素，也包括具体的管理依据、操作实务和管理专题等可变因素，因此考虑到公安管理学内容范围的限定性和具体内容的多样性，在体系结构上可考虑采用“篇、章、节”的编排模式。基本设想如下（节的内容暂略）：

第一篇　管理概述篇

第一章　管理与管理科学

第二章　管理学的形成与发展

第三章　公安管理学的形成与发展

第四章　公安管理学的学科属性与内容体系

第二篇　管理原理篇

第五章　人性理论

第六章　人权理论

第七章　人本理论

第八章　系统理论

第三篇　管理职能篇

第九章　计划职能

第十章　组织职能

第十一章　指挥职能

第十二章　协调职能

第十三章　控制职能

第四篇　管理事务篇

第十四章　文书与档案管理

第十五章　秘书与会议管理

第十六章　公关与内务管理

第十七章　后勤与通信管理

第五篇　管理规律篇

第十八章　队伍建设与业务建设关系规律（公安队伍建设促进公安业务建设，队伍建设是基础也是根本）

第十九章　从严治警与依法治警关系规律（从严治警先治长，依法治警先治政）

第二十章　人事决策与业务决策地位规律（人事决策重于业务决策，“举直错诸枉，能使枉者直”）

第二十一章　制度建设与文化管理作用规律（制度建设是根本，文化管理是境界）

第二十二章　公安体制与工作机制价值规律（体制决定效益，机制决定

效率）

第二十三章 执行法律与落实政策关系规律（严格执行法律，完整落实政策）

第二十四章 思想引导与行为控制逻辑规律（思想政治工作是一切工作的生命线）

第六篇 管理依据篇

第二十五章 人民警察法

第二十六章 人民警察内务条令

第二十七章 督查条例

第二十八章 公安机关组织条例

第二十九章 公安机关人民警察训练条令、纪律条令

第七篇 管理专题篇

第三十章 信息主导警务、警力跟着警情

第三十一章 “三基工程”建设

第三十二章 派出所工作与社区警务

第三十三章 警察心理保健（情绪管理、心态建设、压力缓解、增强自信）

第三十四章 公安管理职权

第三十五章 国外警察体制

六、关于公安管理学在学科体系中的作用定位

在全国所有公安院校警察（公安）管理专业所开设的各门专业课程中，公安管理学无疑起着龙头和排头的作用。公安管理学所研究的内容、项目比较广泛，涉及公安（内务）管理工作的方方面面，这是由公安管理学的学科属性决定的。但是作为一个专业、一门学科，各个课程之间应当呈现出内在、有机的联系：一方面，公安管理学的内容体系涵盖了公安（警察）管理专业其他课程的内容，如公安领导学、警察组织行为学、公安决策学、公安秘书学、公安信息学、警察公共关系学、公安人事管理学等；但另一方面，后面各门专业课程都是对公安管理学课程所涉及的知识内容的深化、细化和具体化。正是由于公安管理学课程本身的这一特点，在全国各省（自治区、直辖市）公安院校中，公安管理学都是各公安类专业（公安管理、警察管理、治安管理、交通管理、刑事侦查、经济侦查、边境管理等）教学计划中的必修课（专业课或专业基础课），这样做也是为学生毕业以后参加公安工作时拥有更强的适应能力和更大的发展空间奠定良好的基础。考虑到公安管理学自身内容体系的

丰富性和各专业的不同研究方向，建议在公安管理和警察管理专业公安管理学开设72课时，其他专业公安管理学课程开设54课时为宜。

综上所述，公安管理学教材需要更新，更需要创新。创新公安管理学主要是内容体系的创新，既要运用理论指导实践，更需要总结实践经验并将其上升为理论，从而最大限度地保证新编写的公安管理学教材既体现理论联系实际，又反映与时俱进的要求。

第四部分

公安管理学的研究范式

安　瑛

范式是判断一门学科独立与否和衡量其成熟度的重要标准之一，常被用来考察一门学科的学术传统和发展程度。研究范式特指与研究活动相关的范式，它规范着研究者的价值取向和提出问题、分析问题、解决问题的角度，对推动一门学科的发展影响深远。

一、范式概述

“范式”一词最早由美国学者托马斯·库恩提出。1962年，库恩在《科学革命的结构》一书中对“范式”的含义有多种描述，其核心要义是指科学共同体在研究活动中所具有的共同信念、学科的理论体系以及科学研究的框架结构等。范式为研究者们提供了共同的理论模型和解决问题的框架，规定了共同的发展方向，决定了研究者们提出问题、分析问题和解决问题的研究视角及开展研究活动时所遵从的各种规范，帮助研究者确定研究问题、研究思路、研究方法。

范式一经提出就引起了学术界的广泛关注，并被引入哲学、社会学、心理学等多个领域，其内涵则因研究领域的不同而有所差异。英国学者玛格丽特·玛斯特曼在《范式的本质》一文中列举了库恩使用的21种不同含义的范式，并将其归纳为三种类型：第一，形而上学范式。主要指科学家共同接受的信念，反映的是科学家最一般的科学信仰，左右他们在进行科学活动时对价值观和方法论的选择。第二，社会学范式。主要指经过长期的发展被科学共同体广泛认可的科学成就和学术传统，对科学共同体的工作有某种导向和指引作用，规范着研究人员的学科研究活动。第三，人工范式。主要是指获得成功并经受了检验的具体的模式、方法或者典型案例，对解决与其具有相似性结构的问题具有示范性作用。

二、公安管理学的研究范式

“任何一类研究都需要综合运用思维工具、技术工具和符号工具，都要有一套从发现问题到检验结论正确性所必需的顺序和规范……这些工具、程序、规范的特定结构性组合，即为‘研究范式’”。[①] 研究范式与研究活动高度相关，它可以跨越学科。例如，实证主义研究范式是教育技术学、心理学等社会科学的主流研究范式，也是物理学、生物学等自然科学的主流研究范式。但这并不意味着研究范式仅指向研究活动本身而不涉及学科的理论框架和基本内容。“研究范式规范着研究者的价值取向和观察世界的角度，决定着问题的提出、材料的选择、抽象的方向、合理性标准的确立及问题的解决”，因而必然会对一门学科的基础研究和应用研究的取向产生深远影响。

研究范式不同于研究方法，研究方法的选择更多取决于研究者的研究意图和研究问题，其仅仅是为解决某一领域存在的问题而选用的具体的技术性手段。而研究范式则不同，它包含着价值、判断、推理等大量研究主体（科学共同体）主观认知的共同的信念集合，研究主体（科学共同体）在这些共同信念与价值判断的支配下，对选择什么研究对象和怎样进行研究的路径进行思考，当然研究方法的选择也在这种思考之中。

（一）管理学范式研究

管理学是公安管理学的母学科之一，管理学为公安管理学提供了研究的内容和发展的空间。公安管理学的学科发展将始终以管理学为其学科定位基础，在管理学基本理论与方法基础上，创新公安管理学科自身的方法论体系和理论体系，使之能够不断应对公安管理实践需求的全新挑战。这也就意味着公安管理学的研究范式与管理学密不可分，脱离不开对管理学相对成熟的研究范式的借鉴。因此，在提出公安管理学的研究范式之前，需要对管理学的范式研究进行一下阐述。

首先需要明确的是现代管理学的研究者往往把管理学理论范式与研究范式统称为范式，因此已有的管理学范式研究既有对理论范式的研究，也有对研究范式的研究，两者往往交织在一起，并未做严格区分。

在管理学领域，国内外已有的管理学范式研究成果还比较少。在国外，美国著名战略管理学家 H. 伊戈尔·安索夫认为，范式是关于研究对象的假设和

---

① 任翔、田生湖：《范式、研究范式与方法论——教育技术学学科的视角》，载《现代教育技术》2012 年第 22 期。

事实的理论体系。美国著名管理学家彼得·F. 德鲁克在《论 21 世纪管理的挑战》一书中认为，所谓的“范式”是指像管理学这一类社会科学的关于“现实的基本假设”，它们通常为学科领域的学者、撰述者、教师以及实务工作者在下意识里所持有，并以各式各样的表述进入学科中去的东西，因而它们在很大程度上决定了学科设想的实现，决定了学科认定的“事实”，“实际上这学科认定本身的一切”，并在很大程度上也决定了被忽视或视为麻烦的意外而置之于不顾的部分。① 在国内，集中对管理学范式进行研究的主要是罗珉教授，其在《管理学范式理论述评》、《论管理学范式革命》、《论管理学复杂性范式》、《管理学：科学主义还是人本主义》等文章中，应用库恩的范式理论对指导管理研究的原则、逻辑基础以及学科的研究程序和研究方法等问题进行了探讨。赵晓毅和刘家顺界定了管理学研究范式是管理学科学研究工作的基本原则、途径和过程，是管理研究遵循的思维方式。② 张闯则从研究方法的视角提出了管理学领域中的社会网络范式。③

当前，被广泛提及的管理学范式分类主要有两种。

1. 布赖尔和摩根的范式分类

布赖尔和摩根（Bllrern and Mogran）将管理学的范式分为职能主义的范式、诠释型范式、激进的人道主义的范式和激进的结构主义的范式。职能主义的范式也称为实证主义的范式，它认为管理学是一门经验科学，必须观测现实世界以弄清这些概念、推断、臆测是否符合事实。科学理论要依靠可以由实证检验的信息，使不同的人、在不同的地点和不同的时间运用同样的方法可以得出同样的结论，即管理学应具备可重复性的特点，这样管理学才具备可推广的外部效度。研究方法有证实法和证伪法两种。结构主义范式也称为规范范式，它强调以客观性、规范性和概括性为特征的获取新知识的方法。规范范式的研究目标回答的是“应该怎样”或“应然”的问题，力求构建一种规范的理论体系和概念架构。结构主义范式主要有归纳法和演绎法。诠释型范式也被称为“后实证主义”范式，它是运用直觉判断和个人洞察力获取知识的思辨方法，它着重个人的主观感受，认为社会现象实际上为个人主观经验。诠释型范式包括经验法或案例法、权变法、社会学法、经济学方法等。人道主义范式对研究人的行为有很大的作用，它被成功地应用在其他许多社会科学和自然科学的各

① 杨斌：《库恩“范式”的演变及其应用研究》，天津大学 2007 年硕士毕业论文。

② 王丽君：《管理学范式的文献综述》，载《科技创新导报》2015 年第 18 期。

③ 张闯：《管理学研究中的社会网络范式：基于研究方法视角的 12 个管理学顶级期刊（2001—2010）文献研究》，载《管理世界》2011 年第 7 期。

领域中，并且它提供了有关已经成为现成学科的人的行为的知识。人道主义范式的研究方法有心理学法、伦理法。罗珉认为，各种管理理论流派，无论是其理论范式还是其研究范式，都可以纳入布赖尔和摩根的范式分类中。[①]

2. 科学主义范式与人本主义范式

在现代管理理论发展演变的历史长河中，虽然管理理论流派众多，但是真正构成管理方法论的基本路线概括起来就是两条：一条是注重技术、追求效率的科学主义，一条是注重人、追求人性发展的人本主义。[②] 可以讲管理理论与实践的发展过程始终是在强调管理过程的理性及精确性（科学管理）与强调管理的非理性及社会心理行为的不确定因素（人本管理）两大阵营之间此消彼长，[③] 构成了管理学的两种基本的理论范式，即科学主义范式和人本主义范式。这两种范式从管理学真正成为一门科学开始就一直主导着管理学的发展。正如罗珉所指出的那样："把管理学理论范式分为追求使管理更有效率的科学主义范式和追求使管理更加人性的人本主义范式，这种分类方法的突出意义是强调管理学理论范式追求的目标。"[④] 不同的管理学者和管理理论之所以分化到科学主义范式和人本主义范式两个阵营中，其根本原因在于对管理追求的目标及其本质属性认识的差异。

（1）管理学的科学主义范式。19 世纪末 20 世纪初，面对工业革命带来的先进的生产手段和巨大的生产潜能与人类落后的管理方式之间的矛盾，弗雷德里克·泰罗以其对"标准化"的研究揭开了以"科学管理"取代"经验管理"的序幕，与法约尔的一般管理理论、韦伯的行政管理理论一起形成了管理科学发展史上的古典管理理论阶段。科学主义范式即产生于这一时期。

科学主义范式"追求使管理更有效率"，认为组织及其管理现象与自然现象一样，具有一般性的普遍规律，管理学的任务就是要运用自然科学的实证方法，从观察经验事实出发，研究和发展组织及其管理领域内的一般性普遍规

---

① 罗珉：《构建管理学学科体系的研究范式和经验法评析——兼与张远凤同志商榷》，载《管理学前沿》2003 年第 2 期。

② 张鹏：《管理学中科学主义范式和人本主义范式的哲学分析》，云南师范大学 2009 年硕士毕业论文。

③ 余兴安：《当代西方管理发展趋势与中国的管理改革》，载《中国行政管理》1997 年第 6 期。

④ 罗珉：《管理学：科学主义还是人本主义》，载《四川大学学报（哲学社会科学版）》2005 年第 3 期。

律。[①] 这种范式的重点在于强调生产过程的科学化、标准化、程序化，管理上则采取“胡萝卜加大棒”的政策，对组织成员施以强迫、控制、指挥、监督等手段来提高人的工作效率，并直接带来组织及其管理效率的提升。

科学主义范式一方面提高了人们的生活水平，也提高了劳动生产效率，在促进社会发展方面确实发挥了重要作用。但另一方面，科学主义范式所带来的“见物不见人”、“工作非人性化”、“人的工具化”等问题也逐渐暴露出来，在一定程度上把人当成了机器上的一个零件，压抑了人的个性、主动性、创造性。

（2）管理学的人本主义范式。从某种意义上说，正是古典管理理论的“原罪”促成了人本主义范式的兴起。[②] 正如郭咸纲在《西方管理思想史》序言中所说：“科学管理在相当程度上提高了人们组织行为的效率，为人类经济目标的实现作出了巨大的贡献。”但是，这种管理思想却“将人‘物化’，忽视了人的主动性和自我发展性，因而未能充分开发人的潜能，甚至使人异化为技术的附庸，使人失去自我，失去生活的原本目标，使人沉沦为商业化的、贪图享受的，甚至最终被货币主宰的物的附庸”。[③]

20 世纪 80 年代以来，在西方管理学领域涌现出的以汤姆·彼得斯为代表的管理的“非理性主义”思潮，以迈克尔·汉默和詹姆斯·钱皮为代表的企业再造理论，以彼得·圣吉为代表的学习型组织理论等诸多新思潮、新理论对崇尚科学与理性的传统管理形成了冲击，认为必须进行一场“管理革命”，使管理重新回到以“活生生的人”为核心的这个基点上来，形成了“以人为本”的管理思潮。管理学的人本主义范式成为这一时期引领管理学研究的主要范式。

管理学的人本主义范式“追求使管理更加人性”，强调应把人放在管理学研究的中心位置，是“承认人的价值和尊严，把人看作衡量一切的尺度，或以人性、人的有限性和人的利益为主题的任何管理学范式”。[④] 人本主义范式强调的是人的知识与能力在管理中的核心地位，主张人是组织中最宝贵的资源，一切思想和理论的诞生都应以人为出发点和归宿。管理的重点在于顺应人

---

① 罗珉：《管理学：科学主义还是人本主义》，载《四川大学学报（哲学社会科学版）》2005 年第 3 期。

② 张鹏：《管理学中科学主义范式和人本主义范式的哲学分析》，云南师范大学 2009 年硕士毕业论文。

③ 郭咸纲著：《西方管理思想史（第三版）》，经济管理出版社 2004 年版。

④ 罗珉：《管理学人本主义范式评析》，载《外国经济与管理》2008 年第 30 期。

性，尊重人格，激发人的能动性和创造力，开发人的潜能及促进人的发展。当然，人本主义范式也有自己的缺陷，过于强调人的作用而忽视了技术的功能。

总结来看，管理思想发展历程中始终存在着科学管理与人本管理之争，科学主义范式和人本主义范式就是管理理论中注重技术与注重人的两个主要方面，都对管理学的发展产生了重要并且深刻的影响，作出了重要的贡献。那种将管理学范式人为地划分为科学主义范式和人本主义范式的做法，那种为了发展一种管理学范式而把另一种范式视为假想之敌的做法都是极为错误的，将会严重地阻碍管理学的发展。① 事实上，一些管理学家一直主张科学主义范式和人本主义范式二者应密不可分。早期的美国政治学家、管理学家玛丽·帕克·福列特指出："我们应当记住，我们永远不能把人与机械截然分开。"加里·哈默尔也指出："现代管理理论的发展无非就是对两样东西的追求，让管理更加科学，让管理更富人性色彩。认为对后者的追求比对前者更开明，这是一种完全错误的看法。"②

无论管理学范式如何分类，都离不开科学和人文的角度，二者是管理学范式缺一不可的组成部分。管理学范式的发展必将是科学主义范式和人本主义范式的综合，两者不是非此即彼的关系，"没有绝对单一的管理学范式，科学主义范式和人本主义范式是彼此包含的，只是侧重点不同"。③

（二）公安管理学的研究范式

范式对于推动学科发展的正规化有着突出的基础性意义，范式研究也是学科基础研究的重要组成部分。相对于其他学科，公安管理学学科发展尚不成熟，还未形成自己的研究范式，而且学界对此的研究也非常缺乏。查阅文献显示，仅有朱旭东在《公安管理学学科建设若干问题研究》一文中提到公安管理学研究范式问题。他提出将制度概念和制度范式引入公安管理学研究中，"因为社会转型过程中国家治理模式的变迁以及公安机关职能的演化，显然是一个制度变迁范畴的课题，研究范式自然是以制度为中心的"。认为"这样一来公安管理学的视野、层次和境界就会得到拓展"。④

公安管理学对于自身范式的研究相对薄弱，这在一定程度上也影响了学科

① 罗珉：《管理学：科学主义还是人本主义》，载《四川大学学报（哲学社会科学版）》2005年第3期。

② 罗珉：《管理学：科学主义还是人本主义》，载《四川大学学报（哲学社会科学版）》2005年第3期。

③ 王丽君：《管理学范式的研究综述》，载《科技创新导报》2015年第18期。

④ 朱旭东：《公安管理学学科建设若干问题研究》，载张光、魏永忠主编《公安管理学学科建设新视角》，中国人民公安大学出版社2014年版。

的独立地位和理论创新。因此，借鉴其他学科的成功经验，在公安管理学范式的研究领域进行一些初步的探索和有益的尝试是有一定理论和实践意义的。在此基础上，回应公安管理实践需要，突破理论创新的瓶颈，实现学科发展的与时俱进，可以进一步认清学科的本质属性，明晰学科的科学定位，为公安管理学科的全面发展提供有益的思路。

公安管理是公安机关依法对与国家安全和社会公共安全有关的公共事务进行计划、组织、指挥、控制等的活动过程。公安管理学建立的初衷和目的，是研究公安组织如何达成管理目标及其效率问题，是“源于公安组织在实际运行中如何有效发挥作用的需求，即如何确定公安组织的性质、任务、目标并通过对公安组织资源的优化配置促进组织绩效的提升和组织目标的实现”。鉴于公安管理学的研究范式与管理学密不可分，我们认为公安管理学的研究也同样离不开科学和人文的角度，公安管理学的研究范式也应该是科学主义范式和人本主义范式的综合。无论是公安机关依法对社会的管理，还是对公安机关内部自身的管理，无非就是对“让管理更加科学，让管理更富人性色彩”的追求，既要以公安组织管理目标的达成及管理更有效率为基本取向，在科学主义的理性原则指导下，健全完善管理制度，提高管理的规范化和精细化程度；又要树立人是组织中最重要的资源的理念，重视以人为本，以人性充实理性，强调共同的价值观、和谐的人际关系、卓越的团队精神，推崇人在工作中的尊严和自我实现，在实现公安组织目标的同时亦能实现个人的全面发展。

无论是科学主义范式还是人文主义范式，都在管理科学演变发展的过程中深刻影响着管理学的发展方向和人类的管理实践。科学主义范式和人本主义范式并非非此即彼的关系，完全可以在公安管理学的研究中，在不贬低任何一方的基础上并行不悖、相互补充和相互促进。

第五部分

公安管理学学科基础理论研究

苏　娜

公安管理学学科基础理论的研究有利于对公安管理学进行科学定位，有利于对公安管理学自身及其研究对象的研究，有利于促进公安管理学学科建设，有利于公安管理专业人才的培养，有利于促进公安管理实践的改革与创新。随着近年来公安实践的快速发展，公安管理学的发展相对滞后于公安实践的发展，因此，迫切需要加快公安管理学基础理论研究，从实践中总结提炼进而升华，形成完整丰富的公安管理学基础理论体系，用基础理论指导应用研究，引导公安实践改革创新。笔者在对公安管理学学科基础理论进行系统研究的基础上，通过本文对公安管理学基础理论的关键概念、研究现状、逻辑起点及基本内容提出自己的看法，以引起公安管理学界同仁的关注和重视，进而促进和推动公安管理学学科基础理论研究。

一、几个关键概念的辨析

研究公安管理学学科基础理论首先应对相关的概念作必要的科学辨析与界定，否则将产生研究对象的模糊不定，造成研究方向的偏差。公安管理学学科基础理论研究中主要涉及的关键概念有“公安管理”、“公安管理学”、“基础理论”、“基础学科”等。

（一）公安管理与公安管理学

公安学界关于“公安管理”的概念有多种定义，自1986年第一本统编教材《公安管理学概论》面世后，一批批公安管理学教材、论著和研究成果如雨后春笋般涌现，公安管理的概念也随之不断得到充实、丰富和凝练。其中，最为权威的就是杨健和在1999年出版的《公安管理学》教材中的定义：公安管理，亦称公安行政管理，是国家行政管理的重要组成部分，它是指各级公安机关为了提高系统的功能，有效地保卫国家安全，维护社会治安，在科学理论指导下，依法运用各种方式、方法和手段，充分发挥公安要素的作用而进行的决策、计划、组织、指挥、协调、控制等一系列活动。2002年，张光教授在其专著《公安行政管理原理》中认为："公安行政管理是国家公共行政的重要组成部分，是通过对公安机关的有效组织和管理，促进公安行政行为的实施以确保公安机关职能充分发挥的活动过程。""所谓公共行政就是国家机构有效地推行国家政务和实施公共管理的活动过程。"考察以上两种定义，都强调了公安管理的政治与行政色彩，而伴随着政府公共管理的浪潮，公共管理应成为公安管理的应有之义。王舒娜基于公共管理的视角给出公安管理新的定义：公安管理是政府公共管理的重要组成部分，是公安机关为实现治安效益目标，依据依法获授的公共权力，运用多种方法和手段，与社会各种力量相互作用，对法律规定的与社会治安有关的公共事务进行调节控制的活动过程。[①] 这一概念更加注重公安管理的"外部作用"，即通过与社会群体的相互作用，实现社会安全稳定的功能，巧妙地将公共管理的思想、原理和方法融合于公安管理中，是公安管理概念新的发展、丰富与补充。基于以上学者的概念定义，笔者认为公安管理是国家公共行政、公共管理的重要组成部分，是公安机关依据法律授权，运用管理学的各种方法、手段，通过对公安资源的有效使用，对公安组织自身及社会实施的管理行为活动。由此可见，公安管理的概念范围相当广泛，几乎包括了公安领域的一切业务、行为活动。

虽然公安管理由来已久，但是公安管理学的诞生距今只有短暂的二十几年，它是一门年轻的学科。公安管理学向来作为行政管理学的一个分支学科是公安学科群的主体学科之一。关于公安管理学的定义较少，其中魏永忠教授的定义较为典型，他认为：公安管理学是以马克思列宁主义、毛泽东思想、邓小平理论和"三个代表"重要思想为指针，以管理学、政治学、公安学为学科基础，综合运用行政学、法学、管理科学等现代科学理论、技术与方法来研究我国公安管理活动及其客观规律的知识体系，是实践性很强的一门应用性学科，是指导各级公安机关实施有效管理的理论、方法与艺术。总之，公安管理学是指导公安机关进行科学管理的知识体系，是研究公安管理活动各种现象和规律的综合性应用科学。[②] 笔者认为，公安管理学作为一门新兴的学科和科学，绝不能仅仅停留在对公安各种业务的实践总结与提炼层面，而是要高层次抽取和提炼公安组织管理行为的一般规律和方法，使其来源于实践却超前于实

① 王舒娜：《从公共管理的视角看公安管理的内涵》，载《中国人民公安大学学报》2004年第1期。

② 魏永忠主编：《新编公安管理学》，中国人民公安大学出版社2007年版。

践、引领实践。

（二）基础理论与应用理论

当前，虽然关于各种学科的基础理论研究的论文遍布各种学术期刊，但是对于基础理论的概念定位却很模糊，使不少学者存在一些认识上的误区，认为只有基础学科或基础科学才有基础理论，通过对基础理论的内涵考察才发现，每一门学科的发展都离不开其基础理论的支撑。理论是“人们由实践概括出来的关于自然界和社会的知识的有系统的结论”，“是人们在实践中，借助一系列概念、判断、推理表达处理的关于事物的本质及其规律性的知识体系”，[①] 理论按其性质作用分为基础理论、技术理论和应用理论。基础理论是研究客观世界某种特定的运动形态及其运动形式的性质、发展趋势和规律，并为技术研究和应用研究提供指导的理论。应用理论与基础理论相比，更加贴近实践，是对实践中的问题进行的研究，而基础理论则是对更高层次的现象的基本关系、基本规律、基本对策等进行的研究。基础理论是应用理论的基础，具有一定的前瞻性与超前性，而基础理论研究又必须通过应用理论实现对实践的指导和引领作用。因此，基础理论与应用理论互相作用、互相影响，在公安管理学中都需加强。本文所研究和建设的公安管理学学科基础理论，包括公安管理工作的一般规律和基本对策的理论体系，以及中外警察管理、警务工作的一般性规律研究。

二、公安管理学学科基础理论发展存在的问题

自20世纪80年代开始，公安管理学就被许多学者所关注和研究，至今已有近三十年的历史，取得了可喜的成绩。学术成果方面：出版各种专著和教材几十部，相关的学术论文数百篇，并多次召开全国性的学术研讨会；学历教育方面：公安管理学专业的教育已形成自考、大专、本科、硕士四级完整的学历教育体系，并积极酝酿博士层次的学历教育；培训方面：已在全国各级公安领导干部培训中普遍展开，基层民警的公安管理学知识得到广泛普及。作为公安管理学的研究者，在成绩面前应时刻保持理智清醒的头脑，因为一门学科基础理论的发展不仅仅在于其专著、教材的编写，教育、教学、培训的开展与普及，更重要的是要有科学的设计、规划和论证，为基础理论的可持续发展提供方向定位、体系结构以及多学科知识支撑。梳理和透视当前公安管理学基础理论研究成果，不难发现其存在以下几方面问题。

（一）公安管理学学科基础理论研究理论深度不够

公安管理实践工作包括的公安业务工作种类繁多，如魏永忠教授在《新

---

① 金炳华著：《哲学大辞典》，上海辞书出版社2007年版。

编公安管理学》中编写的公安机关外部管理，即治安管理、户政管理、道路交通管理、消防管理、危险物品管理、边防管理、出入境管理等，这些都属于公安管理范畴，自然也是公安管理学研究对象的重要组成部分。目前，文献资料中公安管理学的研究成果基本都是对这些具体公安管理实践的经验总结和概括，理论水平较低，充其量也就属于应用理论，没有上升为基础理论层次，即便出现少数基础理论成果，也是直接将管理学、行政学或法学类的基础理论知识引入或嫁接到公安管理中去，缺乏对公安管理工作现象、问题以及一般规律、固有规律的深度挖掘和提炼，造成公安管理学学科发展的独立性欠缺，容易使其沦为其他学科的附属品和衍生品。

（二）公安管理学学科基础理论体系尚未建立

目前，公安管理学学科基础理论体系正在由原先的经验总结向常识、规律体系化发展，绝大部分仍停留在某项公安实践管理活动的总结概括上，鲜有前瞻性的研究和理论反省，且研究内容比较分散，尚未形成理论体系，对于公安管理学学科基础理论体系构建的研究更是难得一见。公安管理学学科基础理论体系的缺失主要表现在内容的庞杂性与结构的随意性上。笔者发现，当前许多公安管理学的著作和教材中，公安管理学一门学科几乎囊括了所有公安学科的专业知识，如一些学者在编写公安管理学教材中将一揽子公安业务工作放到公安管理外部管理的范畴，对公安管理学理论体系这样的构建，表面上看似乎属于公安管理的外部管理范畴，没有问题，但是如此宽泛庞杂的研究内容会导致公安管理学与其他公安学学科的重复研究，更严重的是容易造成公安管理学学科的主体性、独立性、专业性的缺乏，使其游离于各种公安学科之间，阻碍公安管理学学科基础理论体系的构建和公安管理学学科的发展与成熟。

（三）公安管理学学科基础理论的学术术语匮乏

学术术语的丰富化、独创化和个性化，进而形成一套学术话语系统是一门学科成熟的标志和成果。现有的公安管理学学科基础理论研究成果中公安管理学自有的学术术语相对匮乏，由于长期以来公安管理作为国家行政管理的重要组成部分，因此绝大部分公安管理学研究成果强调的是公安管理的行政功能，通篇充满了政治术语，如路线、方针、政策、党的领导、镇压等；强调依法管理原则，引入法律术语如权利、职责、任务等；还有一些著作中则引入行政领导报告总结中的许多带引号的词，如“四有四必”、“三基”、“三项教育”、“四个能力”等，甚至有的没有任何注释，如此只有公安系统的人才懂，而外行不知其所云。① 归根结底，出现上述学术术语问题的原因就在于公安管理学

① 石启飞：《谈公安基础理论内容的重构》，载《辽宁警专学报》2009 年第 7 期。

学科基础理论薄弱，理论深度不够，仍然停留在经验总结层面。其实，公安管理学学科学术术语的系统化可以借助两条途径，一是自身建立和完善学科的话语系统，二是吸纳其他人文社科、管理科学的术语概念、范畴和操作方法。自身独创并非易事，公安管理学属于综合交叉学科，完全可以吸纳和引入现有成熟学科的学术术语，但不能生搬硬套，而要注意一致关联性和协调契合性，力求做到吸收有选择，运用很贴切，融合很自然，化用能理解。

（四）公安管理学学科基础理论的研究方法发展滞后

是否具有一套成熟的研究方法是衡量一门学科发展成熟度的重要指标。当前公安管理学学科基础理论研究方法独立程度较低，教科书上所罗列的文献法、归纳法、调查统计法、比较研究法等种种方法，主要依赖于其他发展相对成熟的学科，这使得公安管理学学科基础理论的学术价值在很大程度上被削弱，也阻碍了公安管理学学科基础理论的发展。因为科学的研究方法能够让公安管理学基础理论的研究在面对纷繁复杂的实践时保持足够的定力和判断力，进而理论促进实践的发展。也有学者认为“没有独立的方法，也并不妨碍一门学科成为真正的学科”，① 然而由于公安管理学的特殊研究对象以及公安管理工作的改革创新，现有的研究方法已经不能推动公安管理学基础理论的可持续发展，方法的更新与变革是公安管理学学科基础理论发展和成熟的内在需求。

三、公安管理学学科基础理论的研究

（一）公安管理学学科属性

学科属性是指学科的归属和性质，它体现了一门学科在整个科学系统中的类别、层次和位置，对于确定该学科的研究范围、重点、方向、方法等起着决定性的作用。笔者认为公安管理学的学科属性是其基础理论问题，决定着公安管理学基础理论研究是否能持续健康地发展。一直以来，关于公安管理学的学科归属问题都存在争议，主要存在两种观点，一部分学者认为公安管理学是行政管理学的重要分支，另一部分学者认为公安管理学是管理学的分支，随着公安学学科独立地位的确立，还有学者提出公安管理学应归为公安学的一个分支学科。所谓学科归属，是指一门分支学科从母体学科中派生出来，随着其内容体系的不断丰富和完善而从母体学科中独立出来。那么参照此概念，公安管理学的学科归属不应该是单一的学科作为其母体，笔者认为公安管理学的学科知识体系呈树根型，其支撑学科分别是哲学、社会科学、管理科学、自然科学和

① 瞿葆奎、唐莹：《教育科学分类：问题与框架》，载《华东师范大学学报（教育科学版）》1994 年第 1 期。

技术、经济学、行政管理学、公共管理学、财务管理学、会计学、公共预算学等，公安管理学学科便是从这些“树根”中汲取自身成长所需的“养料”的。公安管理学学科虽然借鉴了多种学科知识养分，但是并不影响其独立性的发展，它是一门交叉学科，它的基础理论无论是宏观的外部管理还是微观的内部管理，都需要涉及多门学科，只有借鉴多学科知识，从多学科视角进行探索和思考，才能比较全面、深入地理解公安管理的本质、功能和价值，解决公安管理实践中的现实难题。

（二）公安管理学学科基础理论的逻辑起点

学科逻辑起点是构建学科理论体系的基础性问题。综观学科与科学发展史，有的学科明确逻辑起点是在其理论研究之前，有的学科逻辑起点的讨论与确立，则是在理论与实践研究有了一些积累之后。无论哪种情况与方式，学科逻辑起点的研究与确立都是一门学科理论体系向纵深发展的必要的、基础性的研究工作。学科意义上的逻辑起点，是指一门学科中最抽象、最一般、最简单的，不以本学科体系中其他范畴作为其存在的前提和阐释的中介的，同时又是一门学科中最普遍的、孕育着特定学科全部内容、作为一门学科理论推演和体系构建的“胚胎”的范畴。[①②] 基于此，公安管理学的逻辑起点是指公安管理学知识体系中最抽象、最一般、最简单、最普遍的，孕育着公安管理学全部内容、作为公安管理学理论推演和体系构建的“胚胎”的范畴。

公安管理学作为公安学学科群的一个分支学科，其逻辑起点应该是与公安学的逻辑起点同源，因此公安管理学逻辑起点的追溯必须在公安学逻辑起点的范畴中进行，在认同公安学逻辑起点的基础上，增加公安管理学质的规定性。所谓公安管理学质的规定性，即公安管理学作为一门学科独立存在，而区别于公安学学科群中其他分支学科的理由。公安管理学的主要目标是“提高系统的功能，有效保卫国家安全，维护社会治安”[③]，但是这一目标是由公安学的各个分支学科所共同承担的，并不能作为公安管理学的质的规定性。公安管理学的特点，换言之，它赖以存在的理由在于它促成这一目标实现的哲学方法和实践方法。而这种哲学方法和实践方法的特征集中表现为公安管理学解决社会治安与管理问题的技术特征，尤其是管理科学与技术为公安管理领域的发展及

① ［德］黑格尔：《逻辑学（上卷）》，商务印书馆1996年版。

② 王福相、沙贵君：《刑事侦察学逻辑起点探析》，载《中国刑事警察学院学报》1998年第1期。

③ 邹存亭、魏永忠、陈学礼：《关于公安管理学若干理论问题的探讨》，载《中国人民公安大学学报》1993年第2期。

其向一个学科的演进提供了一个最好的组织性概念。基于以上分析，笔者尝试提出公安管理学的逻辑起点应该包括公共安全和管理两个核心概念，即在公安部门的“法定授权”范围内，以管理促进社会安全。

公安管理经过三十多年的发展，已经不满足于初始阶段的单纯性的实践经验总结，在公安管理的实践中同时产生了许多的理论研究成果，然而遗憾的是，这些理论研究成果还处于零散状态，尚未构成体系。因此，确定公安管理学的逻辑起点，进而以此逻辑起点为“主轴”或“中介”，把现有的理论成果整合成一体，同时为公安管理学理论体系和实践的可持续发展提供指向，是公安管理学逻辑起点研究的重要价值所在。

（三）公安管理学学科基础理论研究的主要内容

公安管理学基础理论研究的目的就是要揭示公安管理活动的本质和规律，并对公安管理学学科进行理论构建，从而对公安管理活动及现象给出理论解释，并对公安管理学学科作出理论说明。一言以蔽之，要对公安管理学中的各种理论问题作出回答，以获得对公安管理学的理性认识。

由此笔者提出“以管理促进公共安全”这样的思路，作为公安管理学学科基础理论的逻辑起点和主轴，因此，在研究公安管理学学科基础理论的研究内容时就必须始终基于这一视角，重新审视公安管理运行规律。公安管理学学科基础理论作为学科的“根”，必须是高度思辨及抽象的，必须是稳定持久的本质规律，同时能够保持与时俱进，及时从实践中汲取新的养分，追求前瞻性的，它为公安管理学各分支内容的发展起着“统合”和“指向”的作用。在借鉴以往专家学者对于公安管理学研究的基础上，总结出公安管理学学科基础理论研究的主要内容应包括如下六部分。

1. 公安管理学研究主体、客体、中介三者之间的关系

研究从事公安管理学研究的学者专家如何运用公安管理方法、以公安管理实践活动及相关文献资料为中介来认识、总结和研究公安管理发展的客观实在活动并揭示其规律。公安管理学研究主体指的是从事公安管理学及公安管理活动研究的人，客体指的是公安管理活动本质及其规律，借助的中介指的是公安管理活动及相关文献历史资料等。

2. 公安管理学的研究对象、价值、意义

公安管理学的研究对象与公安管理的含义密切相关，虽然目前人们对公安管理、公安管理学的定义还存有争议，但普遍认为公安管理是公安机关依据法律授权，通过对社会治安有关公共事务的管理，以实现社会公共安全的目的。公安管理活动本质是“以管理促进公共安全”的一种特殊的社会活动，从系统的理论视角来看，也是一个包含诸多要素的系统，它囊括了所有与公安管理

活动有关的公安管理概念和现象，能对公安管理学的所有研究内容进行全面、抽象的概括。因此，笔者选取“以管理促进公共安全”为公安管理学的研究对象和逻辑起点，能全面概括公安管理学的研究内容。公安管理学研究对象并不是一成不变的，随着公安实践工作的改革创新及管理科学的进展，公安管理学研究必须多角度、多层面、历史地、动态地考察和认识公安管理学的研究对象，揭示每个时期阶段公安管理学的研究对象及其特征、公安管理学的价值及其意义，进而揭示公安管理学研究对象、价值、意义的演化过程及其原因。

3. 公安管理学的定位

公安管理学的定位问题是关系到公安管理学学科建设和公安管理工作发展的全局性、战略性、政策性的一个重大问题，在公安管理学基础理论研究中占有举足轻重的地位，是公安管理学基础理论研究的一个重要组成部分。目前，对于公安管理学的定位较为模糊和宽泛，似乎所有警察行政职能的活动都可以被包括在公安管理学研究范畴中。因此既需要研究对公安管理学进行合理定位的问题，还需要研究合理定位应遵循的基本原则、应采用的有效方法，且需要阐明公安管理学定位的必要性、重要性及其意义。

4. 公安管理学的体系结构

公安管理学体系结构问题是公安管理学研究和教学中必须思考和解决的一个非常重要的基础理论问题，它既是公安管理系统内在关系的综合反映，又是公安管理学系统具有整体性的客观标志。目前关于公安管理学体系结构较为完整的是邹存亭、魏永忠、陈学礼提出的“四部分”①：第一部分公安管理总论，主要涉及基本概念、范畴、性质、研究方法、基本矛盾、规律、发展概况等；第二部分职能论，涉及管理主客体基本内容所反映的职能；第三部分方法论，涉及公安管理者的思维方法，公安管理的一般及特殊手段、方法、程序等；第四部分主体论，涉及公安管理主体构成、组织结构、本质、性质、特点等。这样的划分从整体上较为完整地涵盖了公安管理学研究的范畴，但在职能论部分，由于将公安各种业务职能都囊括其中，易造成“所有警务活动由一门学科来承担”的状况。研究公安管理学的体系结构需要研究公安管理学各组成部分的地位、作用及相关性，同时需要研究公安管理学在公安学中的地位及作用。

5. 公安管理学的相关性

公安管理学系统的要素与要素、要素与系统、系统与环境都不是彼此孤立的，而是密切相关的。公安管理学基础理论也要研究公安管理学的相关性，主

---

① 邹存亭、魏永忠、陈学礼：《关于公安管理学若干理论问题的探讨》，载《中国人民公安大学学报》1993 年第 2 期。

要包括三组相关性研究：公安管理与公安管理学的关系，公安管理学与其他相关学科的关系，经验研究、理论研究与应用研究之间的关系。具体分析如下。

公安管理学以公安管理为研究对象，所以两者关系最为密切，也最容易被研究者所混淆。公安管理学基础理论要深入研究和搞清公安管理学与公安管理的区别与联系，为科学认识、正确对待和妥善处理公安管理学与公安管理的关系奠定基础。在论文的第一部分笔者就对公安管理与公安管理学之间的区别与联系作了分析，在此不再重复。

公安管理学基础理论不仅要对公安管理自身进行研究，而且还要对与之相关的学科如公安学、管理学、法学、行政学、政治学、经济学等学科进行研究，需要从理论上理清公安管理学与相关学科的区别与联系，进而科学认识、正确对待和妥善处理与之的关系。尤其需要重点研究的是公安管理学的两个重要相关学科——管理学和公安学的关系，目的是要找出公安管理学独立成为一门学科的可靠依据，这也是公安管理学学科定位的理论基础研究。

从科学研究的层面来分类，公安管理学的研究可以分为经验研究、理论研究和应用研究三种类型。公安管理学既要研究经验研究、理论研究、应用研究的内容、方法、特点及其在公安管理学中的地位和作用，又要研究三者之间的关系，探索三者有机结合、互相促进，实现全面、协调、可持续发展的有效途径与方法。

6. 公安管理学的方法论

公安管理学的研究必须遵循一定的方法论原则和采用有效的研究方法。如前所述，公安管理学尚未形成一套成熟的、自己的研究方法。公安管理学的方法论需要回答“如何进行公安管理学研究”这一重要问题，因此公安管理学基础理论不仅要研究公安管理学研究的方法论原则，包括求实性原则、历史性原则、整体性原则、前瞻性原则、科学与人文相结合原则等及其相互关系，还要研究进行公安管理学研究的各种方法，包括文献资料法、比较法、数量分析法、调查法、模拟法等，探索在公安管理学研究方法论指导下有效运用公安管理学研究的效率和效果。

参考文献：

［1］公安教材编审委员会编：《公安管理学概论》，中国人民公安大学出版社 1986 年版。

［2］张光著：《公安行政管理原理》，中国人民公安大学出版社 2002 年版。

第六部分

公安管理学的研究对象和范畴

魏永忠

无论是哪一门学科，都有其特定的对象和特有的运动（运行）规律，确切地学术表达就是研究对象。它是关于特定事物某个方面或某几个方面的运行规律的系统总结和概括，而这一运行规律的发现必定是非常深入、具体、系统和理性的研究。学科研究对象关乎学科知识体系的构建和学科性质的定位，公安管理学作为公安学一级学科下的重要二级学科，其研究对象的理性认识关乎到理论知识的架构和学科理论的发展方向，研究意义重大。

一、深化公安管理学理论研究的背景

公安管理学是我国公安高等教育管理类本科、专科乃至全国高等教育自学考试公安管理专业一门必修的专业课。该门课程的设立，使公安管理专业的学生对公安机关的管理业务、管理理论和管理方法有了一个全面系统的了解和认识，也为现实公安机关的管理工作提供了科学理论和实践依据。公安管理学作为一门仅有二十余年历史的新兴学科，它伴随着公安高等教育的改革、发展走过了一段曲折和艰难的历程。从 1986 年第一本《公安管理学概论》（俞雷主编）的问世，到 1999 年全国高等教育自学考试公安管理专业指定教材《公安管理学》（杨建和主编）的出版，再到《新编公安管理学》（魏永忠主编）作为北京市高等教育精品教材立项项目，公安管理学作为一门独立的学科，其概念范畴、学科定位、知识体系、体例框架等理论的发展大致经历了初创、深化、成熟三个范式阶段。在公安管理学的历史演进中，正是我国公安改革不断深化，公安管理实践日益创新的历史时期，公安理论工作者和实战部门的管理实践者，在广泛的实践基础上，以求真务实和孜孜不倦的精神探索、发展、创新和完善着该门学科的理论。因此，公安管理学的发展不仅始终遵循继承、扬

弃、创新的规律，同时这门学科还显示出较强的专业特色和广阔的理论发展前景。

党的十八届三中全会提出全面深化改革的总目标是完善和发展中国特色社会主义制度，推进国家治理体系和治理能力现代化，这是坚持和发展中国特色社会主义的必然要求，也是实现社会主义现代化的应有之义。推进国家治理体系和治理能力的现代化，势必要求在行政制度、决策制度、司法制度、预算制度、监督制度等重要领域进行突破性的改革。治理理论是一种全新的政治分析框架，是对传统理论的超越和发展，强调公共治理模式是构建服务型政府，强调公共性是治理的灵魂和宗旨，其本质特征在于政府与社会对公共事务和生活的共同治理，它是国家权力与公民权利持续互动的过程。

党的十八大以来，党中央、国务院对公安工作高度重视，对公安队伍建设十分关心。习近平总书记等中央领导同志多次听取公安工作汇报，并就深入推进公安改革、进一步加强和改进新形势下的公安工作和公安队伍建设作出重要指示。在中央全面深化改革领导小组的领导下，在中央司法体制改革领导小组的指导下，公安部成立全面深化改革领导小组，加强研究谋划、深入调研论证，形成了《关于全面深化公安改革若干重大问题的框架意见》（以下简称《意见》）及相关改革方案，2015 年 2 月经中央全面深化改革领导小组会议、中央政治局常委会议审议通过。全面深化公安改革提出的总体目标是：完善与推进国家治理体系和治理能力现代化、建设与中国特色社会主义法治体系相适应的现代警务运行机制和执法权力运行机制，建立符合公安机关性质任务的公安机关管理体制，建立体现人民警察职业特点、有别于其他公务员的人民警察管理制度。到 2020 年，基本形成系统完备、科学规范、运行有效的公安工作和公安队伍管理制度体系，实现基础信息化、警务实战化、执法规范化、队伍正规化建设，进一步提升人民群众的安全感、满意度和公安机关的执法公信力。全面深化公安改革共有七个方面的主要任务、一百多项改革措施。一是健全维护国家安全工作机制，二是创新社会治安治理机制，三是深化公安行政管理改革，四是完善执法权力运行机制，五是完善公安机关管理体制，六是健全人民警察管理制度，七是规范警务辅助人员管理。全面深化公安改革坚持以问题为导向，将改革的指向聚焦在三个方面：一是着力完善现代警务运行机制，提高社会治安防控水平和治安治理能力，提高人民群众的安全感。二是着力推进公安行政管理改革，提高管理效能和服务水平，从政策上、制度上推出更多惠民利民便民新举措，提高人民群众的满意度。三是着力建设法治公安，确保严格规范公正文明执法，提高公安机关执法水平和执法公信力，努力让人民群众在每一项执法活动、每一起案件办理中都能感受到社会的公平正义。上述诸多内容涉及公安管理理论与实践，新的形势、新的任务、新的问题既为公安管理学理论发展提供了新的挑战，又提供了理论创新的平台和机遇，分析并厘清公安管理理论创新的生长点，对完善公安管理理论具有十分重要的先导作用。

二、公安管理学的研究对象

公安管理在警务活动中起领导、主管作用，其中公安管理是否科学、有效，直接影响着警察对国家事务、社会事务、自身事务的发展。公安管理学是一门交叉科学，研究内容十分丰富。其研究的基本范畴和原理随着公安管理实践的深入而不断被人们所揭示。因此，公安管理学的研究内容是发展变化的，不同学派，不同教科书有不同的知识体系概括。

我们认为，公安管理学是研究公安管理活动及其规律的科学，它反映着公安机关及其人民警察依照法律、法规和职责管理国家事务、公共事务和公安机关自身事务的一般性规律，它特定的矛盾性在于将公安管理目标转化为社会效能的活动过程。公安管理学研究对象的实质是，对各种公安管理活动及其认识成果的理性抽象和陈述。但一般来说，公安管理学研究的内容大体包括如下五个方面。

一是公安管理的一般理论。主要研究和了解公安管理学是一门综合性、应用性的科学，警察管理环境和警察管理职能是警务活动的依据和基础。

二是公安管理的主体。主要研究和了解公安管理组织和机构，公安领导以及执行管理活动的工作人员。

三是公安管理的过程。主要研究和了解公安管理是一个由多个环节和有机部门组成并有效运作的过程，它们主要有公安决策、公安执行、公安管理协调、公安管理信息、公安管理监督。

四是公安管理的保障。主要研究和了解公安管理过程要能够顺利运行达到预期效果，必须依据一系列的保障手段。主要有公安财务管理、公安管理法治、公安管理方法、公安管理道德。

五是公安管理的目的。主要研究和了解提高公安管理效率是公安管理的出发点和归宿，而公安管理改革是提高公安管理效率的必由之路。公安管理的最终目的是提高警务的效率与效益。

公安管理学作为一门独立的二级学科，其理论知识在建构时应重点研究以下八个方面的内容。

第一，研究公安管理学的基本概念。公安管理学作为一门独立的学科，有自己独立的概念体系，要研究公安管理学，必须先研究其概念范畴。

第二，研究公安管理的原理。公安管理的原理，是指公安管理活动所需遵循的基本规律。公安管理学除了以马克思主义哲学和管理科学作为自己的理论基础外，还需要遵循自身特有的规律。只有掌握了这些规律，才能实现公安管理的科学化、现代化。

第三，研究公安管理的主体。公安管理学应着重研究如何建立一个结构合理的公安管理体系，各层次的公安组织机构应如何设置，应采取什么样的组织领导以及其他一些配套性的具体体制和运行机制。同时，还要研究如何加强各级领导班子的建设，充分发挥领导者在各级公安组织中的统率作用。最后还要认真研究公安组织如何改善与环境的关系，尤其是警民关系，为有效实施公安管理活动创造一个良性的环境，取得公众的大力支持。

第四，研究公安管理的客体。公安管理的客体一般包括人、财、物、信息、时间、空间等。这些内容为公安管理活动的主要对象范畴，也为公安管理学的研究提供了广阔的领域。

第五，研究公安管理的方法和手段。在社会主义市场经济体制条件下，不仅要着重研究如何正确使用传统的管理方法（如思想政治工作的方法、行政的方法、经济的方法、法律的方法等），还要特别注意研究现代管理科学方法和技术（如目标管理的方法、规划的方法、控制的方法、沟通的方法、信息技术等）。尤其要研究在公安管理中如何强化发动、组织、依靠人民群众的方法，如何强化科技的方法和手段。

第六，研究公安管理的目标。着重研究如何科学地界定公安管理的总体目标即战略目标，如何科学的围绕总目标而分解子目标，同时要在总结历史经验的基础上，进一步完善公安体系管理。

第七，研究公安管理职能。着重研究如何科学决策，如何制订公安计划，如何实施科学的组织、指挥、控制、协调和监督机制。

第八，研究公安管理学自身的理论体系。公安管理学是一门综合性的应用科学，既包含公安管理的理论基础（如公安管理概念、公安管理体制、公安管理原理、公安管理原则和方法、公安管理技术与艺术等），又体现出公安管理广泛的应用范畴并形成相对独立的公安学科（如公安队伍管理、公安信息与情报管理、公安装备管理、公安机关事务管理、公安业务管理等）。

三、公安管理学的学科性质

公安管理学是一门复杂的综合性交叉学科。从高层次看，它包含社会科学、数学科学、思维科学、系统科学、自然科学和行为科学等；从低层次看，公安管理学是一个由行政管理学、公安学、公安行政法学、管理学、领导科学、决策学等内容所构成的复合学科。公安管理学在具体学科性质上表现为以下几方面。

（一）公安管理学具有行政管理学的属性

公安管理的主要范畴之一是履行国家行政管理的部分职能，所以公安管理学是行政管理学的一个分支，是一种专业行政管理学或部门行政管理学，具有行政管理学的共性和规律。

（二）公安管理学具有公安学特有的属性

这里所说的“公安学”是指一切以研究公安基础理论、公安应用技术和公安管理实践等在内的各部门学科的总称，包括公安学基础理论、公安决策学、刑事侦查学、犯罪心理学、公安信息学、公安管理学，等等。“公安学”是由上述各学科构成的一个学科体系，公安管理学是“公安学”这一体系中必不可少的一门主干学科，它同其他公安学科在本质属性上是一致的。

（三）公安管理学具有社会学的属性

公安管理包含着公安机关对社会公共事务的管理，公安管理活动涉及广泛的社会范畴，必然反映出公安管理学具有社会学的基本特征。

（四）公安管理学具有法学的属性

主要体现实施公安管理的主体，是国家执法机关之一的公安机关，公安民警是国家的执法人员；公安管理的职责与权力是国家法律赋予的，具有极大的强制性；公安管理的目标和任务，是国家法定的，具有较高的权威性；公安管理的方法、手段、措施和程序，主要部分已经纳入法律规范，必须依法办事；公安管理的结果必将产生一定的法律后果与社会效益。

此外，公安管理学还具有行为科学的属性。行为科学是西方管理科学的一个学派，是运用社会学、心理学、社会心理学等学科的理论和方法来研究人的行为的一门综合性边缘科学。在公安管理学中，一个核心问题就是用行为科学的原理、方法去激发人的积极性，协调人际关系，协调个人与组织的关系，以实现组织目标的优化。因此，公安管理学含有行为科学的属性，是行为科学在公安管理中的具体运用。

四、公安管理学的研究范畴和方法

（一）公安管理学的研究范畴

根据上述公安管理学研究对象和内容的分析，公安管理学的研究范畴可以划分为以下六个方面。

1. 关于公安管理理论的研究

包括公安管理及公安管理科学的发展史，我国警察的发展史，公安管理学基础理论，公安管理学科学原理、公安管理的基本原则，公安信息决策科学，公安管理心理学，公安组织理论，公安思想政治工作理论，公安业务管理理论，公安后勤管理理论以及各项公安管理规章制度等。

2. 关于公安管理要素的研究

包括公安领导班子合理构成的研究，合理使用人、财、物、时间、空间、信息等管理要素的方法，科学地指导公安决策、决断、计划、监督、协调和控制等程序和方法的研究。

3. 关于公安管理体制和机制的研究

包括公安管理的性质、职能的研究，公安管理体制和运行机制的研究，如公安机关机构设置、职权范围、人员配备、组织形式等。

4. 对公安管理方法和技术的研究

如公安管理活动中经验科学方法和理性科学方法的研究。

5. 关于现代科学技术在公安管理过程中的构成及其应用的研究

包括现代化交通、通信网络的布设，自动化办公设备的配置，电子警务及信息网络系统。

6. 关于公安管理学各分支学科的研究

包括公安人事管理、公安财务装备管理、公安科技管理、公安行政管理、道路交通管理、社会公共事务管理、公安应急管理等。

（二）公安管理学的研究方法

公安管理学的研究方法服从于公安管理的学科性质和研究目的，并随该门学科内容和研究目的的变化而变化。公安管理学是具有鲜明的政治性和社会性、理论性和应用性、独立性和综合性的学科属性特征。公安管理学自产生以来，理论工作者采取了多种、不同理论视角并各有特点的研究方法：有从演绎研究到归纳研究，从静态研究到动态研究，从单科研究到跨学科研究，从体现国情特色研究到中外、境外比较研究，等等。但是，最根本的研究方法要体现出理论联系实际的方法、调查研究方法、案例分析法、历史研究方法、比较研究方法等。

创新是发展的动力，理论创新也包括研究方法创新。因此；公安管理学在研究方法上也应当倡导创新方法的运用。具体可以运用以下几个创新性研究方法：

1. 问题导向的研究方法

学科研究方法大致分为以方法为导向和以问题为导向。以方法为导向，就是拿着方法去套问题并提出方法论理论体系；以问题导向，就是基于实际问题研究具体的解决方法并形成独立理论体系。如基于地理分析和展示的“地理信息系统”，用来解决绘地图和空间分析的问题，也开始被广泛使用到公安管理中；如社会治安警力布控电子地理指挥系统、计算机的软件和仿真识别系统，被用作犯罪嫌疑人管理模型系统等。所以，研究方法的使用，用问题导向来归类或许比按学科导向来分类更加方便和实用。

2. 模型建构的研究方法

模型建构方法是现代科学方法的核心内容之一，模型是人们为了某种特定目的而对认识对象所做的一种简化的描述，这种描述可以是定性的，也可以是定量的；有的借助于具体的实物或其他形象化的手段，有的则通过抽象的形式来表达。模型分三类：物理模型、概念模型、数学模型。构建模型过程是使知识系统化、规律化、形象化。运用建构模型法来分析研究对象的组成因素，能使各因素之间的关系、因素运行的特点、预测评价等系统化、实战化、具体化，从而大大提高解决问题的效率。如研究公安领导力、公安管理者、公安决策与指挥等理论与实践问题均可以运用模型建构的研究方法。

3. 学科范式比较的研究方法

在管理的其他领域，如企业管理关注企业行为和目标，公共管理则关注公共领域的管理目的和人们在工作领域的行为活动，公安管理关注警察对社会安全领域的秩序、财产安全、人身安全和特殊人群的管理问题。利用逻辑推理、假设、文献综述、实证研究、数学统计、计算机网络技术等都是具体可行的研究方法和工具。但是目前，人们在公安管理理论的研究中还缺乏学科范式的讨论。学科范式是界定学科领域、范畴、研究问题的一种有指导意义的学术观，它在本领域学者们长期的研究过程中形成，在学科的研究和发展方面起到凝聚焦点、彰显特点、突出理论贡献点的作用，是研究方法的方法。在公安管理学界对什么是公安管理的范式并没有开创性理论研究，需要学者对此引起关注并促进公安管理理论的发展。在理论范式的理论中，经典的公共管理理论范式研究为我们提供了有益的借鉴。如以韦伯的纯官僚理论为模板建立的官僚体系的特点就是公共管理研究的主要理论范式；沃尔多、奥斯特罗姆等学者认为官僚的理念和结构与美国自由主义的民主传统不匹配，应该以民主治理为主线；后现代的公共管理学者则强调权威表述、协作治理。

公安管理学理论研究的方法有四个任务：一是探寻公安管理实践中的“理”以及它们的内在逻辑；二是探索公安管理实践中“理”的共性和普遍意义；三是探索公安管理实践中具有普遍意义的“理”在不同场景、时空和条件下的符合科学原理的解释；四是探索公安管理实践中“理”的特殊性和系统性，完善公安学理论体系，丰富公安学理论的深度和厚度。

第七部分

公安管理学作为二级学科的研究现状分析

高 蓓

学科建设是大学赖以生存和发展的核心竞争力，也是考量高校学术水平与声誉地位的重要指标，因此，搞好学科建设对于学校的生存与发展具有极其重要的战略意义。从 1995 年开始，国家和地方政府就开始实施“211 工程”、“985 工程”、“重点学科建设”等项目，给予高校政策支持和经费支持。如何利用好现有资源，抓好学科建设，是各高校面临的重点难题。

一、学科与学科建设

（一）学科的起源与发展

大学的发展与学科发展密切相关，可以说一部大学的发展史就是学科发展的历史。一般认为，现代意义上所说的大学起源于中世纪的欧洲。在这之前，由于没有形成固定的学科学习制度，所以真正意义的大学也就没有形成。“只有在 12 世纪和 13 世纪，世界上才出现了我们非常熟悉的有组织的教育的一些特征，即由系科、学院、课程、考试、毕业典礼和学位组成的教育体系”。[①]由此可见，最初大学得以形成就是因为学科的组织化。中世纪的大学一般设立神学、法学、文学、医学四个学科，学科担负着教学的功能，但此时的大学教育在教学方面存在很多问题。直到 1810 年德国柏林大学诞生，其奠基人洪堡认为，要将科学研究引入大学，就必须在培养人才的过程中注重科研能力的提升，这样有助于学生养成良好的思维习惯，所以学科又具有了科学研究的功能。再到 19 世纪中后期，美国赠地学院兴起，学科功能进一步拓展到服务社会。至此，学科发展基本成熟。

---

① ［美］哈斯金斯著：《大学的兴起》，张堂会、朱涛译，北京出版社 2010 年版。

（二）学科与学科建设的定义

什么是“学科”，学术界对于它的解释和定义很多。例如，丁雅娴在《学科分类研究与应用》中谈道：学科是相对独立的知识体系；国外学者伯顿认为：学科明显是一种连接化学家与化学家、心理学家与心理学家、历史学家与历史学家的专门化组织方式；① 孙锦涛在《学科论》中这样下定义：学科是主体为了教育或发展需要，通过自身认知结构与客体结构的互动而形成的一种具有一定知识范畴的逻辑体系，具有创造知识、系统管理和全面育人的功能；另外，罗云在《论大学学科建设》中定义：学科是指对知识进行划分的一种单位。综上所述，对于学科的定义大概分为三种：一是从知识体系的角度解释；二是将学科定义为“学术的分类”；三是从功能出发所下的定义。学科是高校长足发展的基石，体现了一所大学的声誉地位、人才培养水平，优秀的学科将对大学产生极大的社会影响。

关于学科建设，清华大学前校长王大中先生曾说：“学科建设的内涵包括高质量人才培养、师资队伍建设、科学研究和研究基地建设等。”② 罗云在《论大学学科建设》中谈道：学科建设是指学科主体根据社会发展的需要和学科发展的规律，结合自身实际，采取各种措施和手段促进学科发展和学科水平提高的一种社会实践活动。魏永忠教授在《论公安管理学学科建设的核心问题》中这样表述，学科建设包含两层含义：第一层是人们为构建相对完整的理论体系，按一定的范式发现新现象、创造新知识或完善新理论，对学科本身作出创新性研究；第二层是从知识的传承、交流活动，即围绕某个理论体系的成熟和发展而进行的科学研究与人才培养，并使之形成固化的人才培育平台和人才培养制度化过程。对于学科建设，我们可以作出如下理解：从建设主体来说，一般来讲，学科建设的主体是各高等学校，有时还包括研究所、民间团体等组织；从根本目的来说，培养人才贯穿了学科建设的始终，学科建设的根本目的就是培养人才，实现学校的可持续发展；从学科建设的内容上来说，其内容主要包括学科方向、学科体系、队伍建设、人才培养、科学研究、基地建设等方面。

（三）公安管理学学科

伴随着改革开放的不断发展，我国的经济建设取得了巨大的成就，与此同

① ［美］伯顿·R. 克拉克著：《高等教育系统——学术组织的跨国研究》，王承绪等译，杭州大学出版社 1994 年版。

② 王大中：《学科建设是研究型大学的创新关键》，载《中国高等教育》2002 年第 21 期。

时，我国社会也在全面发展中不断进步。社会的发展和进步对我国学科建设有了更高层次的需求，因此，在学科建设方面奉行的主要方针就是丰富内涵与拓展外延。特别是党的十八大确立的全面深化改革的总体要求，使学科建设有了新的发展方向。2011 年 3 月 8 日，国务院学位委员会重新修订了学科目录并颁布了《学位授予和人才培养学科目录》。此目录是在原《授予博士、硕士学位和培养研究生的学科、专业目录》（1998 年颁布）的基础上，经过反复论证后编制的，是贯彻落实《国家中长期教育改革和发展规划纲要（2010—2020年）》，优化学科结构的一项重要举措。在《学位授予和人才培养学科目录（2011 年）》的法学门类下，增设公安学为一级学科。2012 年 4 月，中国人民公安大学的公安学被批准为北京市重点一级学科。2012 年 7 月，又被教育部批准为国家重点一级学科，说明公安学学科建设已经取得了重大突破。但公安学学科建设依然任重道远，学科的一级、二级建设体系还不明晰。根据 2009 年 2 月国务院学位委员会、教育部颁布的《学位授予和人才培养学科目录设置与管理办法》的第九条对学科设置标准作了明确规定，二级学科是组成一级学科的基本单元。二级学科设置应符合以下基本条件：（一）所属一级学科下的其他二级学科有相似的理论基础，或是所属一级学科研究对象的不同方面；（二）具有相对独立的专业知识体系，已形成若干明确的研究方向；（三）社会对该学科人才有一定规模的需求。对照该规定，作为公安学二级学科的公安管理学，加强其学科建设就显得尤为重要了。

公安管理学是研究公安机关通过有效配置其资源，实现公安机关目标动态过程的综合性交叉应用学科。公安管理学的研究对象包括公安管理基础理论，公安管理要素，公安管理体制和机制，公安管理目标，财务管理，管理方法、技术、艺术，公安法规。就其学科性质而言，公安管理学属于管理学、政治学、法学、公安学的综合性交叉应用学科。随着公安学被确立为一级学科，作为公安学二级学科的公安管理学，在学科建设过程中要破解的问题还很多。

二、学科建设的内容与现状

学科建设是一项综合性工程，以“985 工程”为例，它的建设内容涉及培养创新人才、自主创新、培养社会服务能力、优秀师资团队建设、提高国际交流与合作水平等方方面面。所以学科建设就是通过优化资源配置，改进学科发展条件，从而提升学科整体水平的过程。再如，翟亚军、王战军在《理念与模式——关于世界一流大学学科建设的解读》中讲道：“斯坦福大学建校伊始，物理学就是重点发展的学科，并始终受到学校的高度重视。正因为此，物理学才积淀了浓厚的力量，才有了建校六十年后即 1952 年，布落格教授开启了获取诺贝尔物理学奖的大门，1955 年肖客利、1961 年霍夫施达特、1976 年雷茨、1981 年肖鲁等相继获得诺贝尔物理学奖，验证了学科建设的长期性和牢固基础的长效性。”① 学科建设的内容涵盖了高校工作的各个方面，如学科方向、队伍建设、人才培养、科学研究、学术交流、基地建设，是一项复杂的系统工程。

（一）学科方向

刘献君在《论高校学科建设》中谈道：学科方向建设是学科建设的基础。由此可见，明确学科方向在学科建设中起着基础性、先导性作用。学科方向是学科建设的基础，它是立足学科、汇集特色、面向前沿的有待开发的研究领域。凝练明确的学科方向对于学科体系、队伍建设、人才培养、科学研究、基地建设等具有重大的战略意义。它不仅有利于有效配置学术资源，而且更容易使学科形成优势、突出特色。许慈晖在《论学科方向建设内涵与凝练原则》一文中指出，学科方向建设的内涵分为宏观与微观两个层面。从宏观的层面上来说，学科方向建设的内涵是指一所学校依据办学层次而确立的学科发展定位。学科方向建设与学校办学层次是紧密相连的，研究型大学的学科建设方向就要选择在国际、国内研究具有重大突破、重大影响的学科。而地方教学科研型院校的办学定位一般来说是服务地方。所以学科建设方向就要选择与地方经济文化相关的特色学科与优势学科。从微观层面上来说，学科方向建设是指整体上学校学科布局以及单一学科内部学术研究方向的选择。学科发展布局就是在学科发展道路上，要优先发展那些与国家、地方的国民经济、社会发展紧密相关的优势学科，形成重点学科，再带动一批相互交叉渗透的学科群的发展，从而提高学校知名度。我们国家的高等教育战略，如“211 工程”重点建设的 100 所高校，“985 工程”重点建设的 38 所高校，就是在学科方向建设上，优先发展、重点投入，最终取得了良好的效果，提升了学校的教学水平和知名度。

根据《教育部关于加强国家重点学科建设的意见》中明确指出：“二级学科国家重点学科建设要突出特色和优势，在重点方向上取得突破。”这一思路为公安学二级学科建设指明了方向。学科体系结构包括学科门类、一级学科、二级学科、学科方向。一级学科由若干个二级学科组成，二级学科由若干学科方向构成，学科建设中的首要任务就是根据学校实际和社会经济发展的要求选择学科方向。在学科方向建设中应注意以下几点：一要坚持不断地凝练学科方

① 翟亚军、王战军：《理念与模式——关于世界一流大学学科建设的解读》，载《清华大学教育研究》2009 年第 1 期。

向；二要建立有特色的学科方向，以此为重点加强建设；三要不断寻求新的增长点。要不断地创新，还要注意学科的交叉、渗透和融合。在公安管理学学科方向建设中，要明确公安管理学的学科定位，学科发展方向要符合公安院校整体的定位与目标。

（二）学科体系

体系，是指若干有关事物相互联系而构成的整体。那么，什么是学科体系呢？谢桂华在《关于学科建设的若干问题》中认为，从学科建设的角度看，学科体系主要由基础学科、主干学科、支撑学科以及交叉学科四个部分构成。它们是相互联系、相互制约又相互促进、相辅相成的学科整体。从学科门类看，学科体系由自然科学、社会科学、人文科学等组成。由此，笔者概括为学科体系由三个方面构成：一是学科研究对象。研究对象是否明确是一门学科能否成立的首要前提。二是学科研究内容。学科对象决定着学科内容。一般来说，学科内容主要包括两个方面，一方面是研究对象的主要组成部分及其结构，另一方面是研究对象的运动及其规律。三是学科的专属概念、范畴和术语以及研究方法。

公安管理学已经建立起了最基本的学科体系。从理论知识体系来说，其基础研究包括：公安队伍建设、公共关系建设、公安后勤保障、公安教育培训、公安信息资源管理。还包括哲学、政治学、社会学、法学、管理学等一些相关学科的交叉学科。总的来说，公安管理学的学科体系已经具备了基本框架，但这一体系中还存在一些问题有待商榷。

（三）队伍建设

翟亚军在《大学学科建设模式研究》中谈道："学科的历史不仅是一部知识的生产和再生产史，也是学科主体的再生产史。"教师队伍建设是学科建设的关键。学科带头人的确定和学科队伍成员主观能动性的发挥，决定了学科在知识创造和知识传递过程中战斗力、影响力和可持续发展的能力。著名教育学家蔡元培先生曾说："大学的本质是学习和研究高深学问，传播、应用和创新高深知识。"① 因此，作为"大学良知的守护者、大学学术自由的践行者、大学精神与传统的传递者"② 的教师队伍就显得尤为重要了。教师的学术水平直接影响学生能力的培养，高水平的教师能站在学术的前沿，预见学科今后的发展方向。聂国丽在《对公安管理学学科建设的认识与思考》中认为，学科队

① 高平叔著：《蔡元培教育论集》，湖南教育出版社 1987 年版。

② 姜凤萍等：《大学"去行政化"的理性审视》，载《东北师大学报》2004 年第 4 期。

伍建设要解决的问题主要有三个：一是要建立合理的学科梯队结构。一般学科梯队中要确定一位在本学科水平最高、影响最大的教授为学科带头人；每个学科方向要有一位学科带头人，而且还要有1～2位在本学科方向上学术地位较高的教授、副教授为学科骨干；每个学科骨干下面，还要配备职务、学历、年龄等结构合理的若干名助手。二是着力培养学科带头人和学科骨干。学科带头人和学科骨干是学科建设中的重中之重。学科带头人要有本学科坚实的理论基础，较宽的学术视野，并且具有高度的责任感和凝聚力。学术骨干要有宽阔的胸怀和气度，富有奉献和协作精神。三是处理好学科带头人和院（系）行政负责人的关系。学科建设的重点是学术水平的提高，要加强学术管理，同时学科建设涉及人、财、物等方面，还要加强行政管理。因此，两者要相互支持才能搞好学科建设，但是目前高校学科队伍建设中还存在很多问题。例如，优势学科建设缺乏高水平的学科带头人，一些高校教师重视学术研究忽视教学研究等问题。

对于公安管理学科来说，以中国人民公安大学为例，按照2013年7月19日官网发布的数据显示，其公安管理学院现有专任教师38人，其中教授12人，副教授14人；博士研究生导师3人，硕士研究生导师20人；博士生毕业的8人，硕士生毕业的22人；职称、学历、年龄和学缘结构都比较合理。公安行政管理教学团队是北京市优秀教学团队。但是从目前公安管理学学科研究队伍现状看，实际情况不容乐观。魏永忠教授在《论公安管理学学科建设的核心问题》一文中提到，全国公安机关专门从事公安管理学学科理论研究的人员不足百人，开设公安管理学本科专业的院校仅有5所，正式出版的公安管理学本科教材及其专著不到百种。王毅虹在《关于公安管理学学科建设若干问题的思考》中论述：目前，公安管理学研究人员数量少，年龄结构，特别是知识与能力结构不甚理想。有的学者有着丰富的公安管理实践经验，但是公安管理学理论知识积累不足；有的学者有着较为扎实的管理学或行政管理学学科知识基础，但是缺少对公安管理实践状况的了解。所以说，公安管理学学科的实力还是很单薄，学术沉淀不够。因此，加强公安管理学学科教师队伍建设仍是当务之急。

（四）人才培养

人才培养是学科建设的根本任务。我国《高等教育法》规定，高等学校应当以培养人才为中心，开展教学、科学研究和社会服务。学科建设要根据我国高层次人才教育发展规划和学校人才培养计划，并结合本学科的培养能力，在培养不同层次、规格、类型的人才方面发挥自己的作用，并积极促进教育教学改革。冯向东在《学科、专业建设与人才培养》中说，任何一所大学培养的人才的质量，都取决于这所大学的学科水平，因此学科建设是专业建设的基础，这是高等教育的一条基本原理。人才培养质量在一定程度上反映了大学的教育质量，学科建设与人才培养质量的关系极为密切。当今社会，人才培养及其科学研究已经成为创造效益的主要因素，学科是人才培养的载体。所以说，在高等教育中，学科建设承担着培养人才的重要职责和使命。在陈晓芳、刘思远的《宁夏大学学科建设理论与实践》中，对学科建设内涵中的人才培养进行了这样的表述：学科组织中进行的人才培养，在传播知识、利于学生知识存储的同时，更关注学科知识的前沿性和创新性，并及时把新理论、新方法和新技术引入课程设置和教学方法中。这在传统的教学型大学人才培养的层次上有一个明显的提升。

公安管理学以培养具有公安特色的应用型管理人才为本，迄今已经走过了近30年的发展历程，为我国公安机关培养了数以千计的优秀公安人才。目前，公安管理学人才培养体系已初步形成。公安管理学教育已经在公安系统的博士、硕士、本科、大专、自学考试与各级公安领导干部和民警的培训、警衔晋升培训中普遍展开，培养了一大批高质量的公安管理专业人才。但是在人才培养过程中，还存在许多问题。朱旭东在《公安管理学学科建设若干问题研究》中对人才培养模式提出疑问：是采取“拓宽基础、淡化专业”，还是采取“专业化”、“专门化”的模式，这个问题至今没有解决。现实的变化是，公安机关特别是基层公安机关对公安管理人才的需求已经由传统的强调政务型、领导型的人才类型向注重技术性、专业性的人才类型需求转变。所以说，现实中的公安管理人才教育供给与理想的人才培养目标还存在许多偏差，在人才培养领域中的难点和重点问题还有待解决。

（五）科学研究

谢桂华在《关于学科建设的若干问题》中讨论如何抓好高等学校的科研工作时，认为有八个“一”：一是要高举“一面旗帜”，即高举“科学技术是第一生产力”的旗帜，充分认识科学研究工作的重要性及其地位与作用；二是要贯彻“一个方针”，即贯彻经济建设必须依靠科学技术，科学技术必须面向经济建设的方针；三是要坚持走“一条路”，即走产、学、研相结合的道路；四是要组织好一支科研队伍；五是要建设好一批学科；六是要建立一批研究基地，包括重点学科、重点实验室、工程研究中心等；七是要争取一批高水平、高层次的科研项目；八是要出一批高水平的科研成果。由此可见，学科建设与科学研究是息息相关的，科学研究工作不仅是学科建设的一个重要方面，而且是学科建设的重要推动力，能够为学科建设争取更多的建设资源。搞好科学研究对于提升教师队伍水平、提高人才培养质量具有重要意义。围绕学科方向进行科学研究，对于学科知识的积淀大有裨益。

在学科的发展过程中，如果缺少科研经费和科研项目，就很难积累高水准的学术成果，这一学科就缺少显著的标志。现代科学研究的重要特点是在高度分化基础上的高度综合，学科带头人协调各学科成员，围绕学科方向进行科研立项，结合社会热点问题，寻求新的学术生长点，展开科学研究，以取得丰硕的学术成果，使学科得到持续的高水平发展。

就公安管理学而言，迄今为止相关专业人员已经出版了数十部公安管理专业著作，承担和完成了数十项国家级、几十项省部级科研项目，并发表了大量的专业学术论文。例如，从中国知网上查询可看出，以公安管理为主题的文献数量逐年递增，说明关注公安管理学的学者越来越多，对公安管理学领域的科学研究也越来越多，公安管理学学术氛围也越来越浓厚。通过科学研究，公安管理学的基础理论、理论知识体系以及实践研究与理论研究相结合的方法论体系已经基本形成。但是，在科学研究领域还存在一些问题，很多应该研究的领域还未关注，如对公安行政程序和具体操作层面等方面的问题研究得远远不够。朱旭东在《公安管理学学科建设若干问题研究》中指出，公安管理学的研究成果虽然从数量上来说已经相当丰富，但真正深入实际生活，在掌握第一手调查资料的基础上所进行的实证研究却并不多见。而且公安管理学的学术传统和学术训练都非常欠缺，研究视域偏窄，跨学科研究力度明显不够。综上所述，公安管理学的研究基础还比较薄弱，研究水平有待提高，科学研究尚未达到理想水平。

（六）基地建设

学科基地主要包括各种类型的教学平台、科研平台、图书馆、实验室平台等，学科基地是学科建设的依托，可以加速学科建设的发展。聂国丽在《对公安管理学学科建设的认识与思考》中认为学科基地建设需要注意以下几点问题：一是各院、系、研究所不能追求小而全，这样会造成设备重复、利用率低。二是实验室队伍建设要与学科建设相适应。目前，实验室部分人员素质不高，不愿承担服务性的工作，使领材料、报销等具体事务都落到学术人员的头上。三是要注意大学环境的建设，营造浓郁的学术氛围，开拓校际学术交流渠道，并积极进行国际学术交流与合作。所以说，基地建设就要集中有限资金，实现资源共享。

如何加强公安管理学的基地建设，王毅虹在《关于公安管理学学科建设若干问题的思考》中建议，要有效整合可利用的人力资源和组织资源，建立公安管理学学科信息库及公安管理图书资料中心，成立必要的公安管理学学科专业研究机构，进一步加强高校公安管理学系部建设，创办公安管理学学术研究刊物等，为公安管理学学科发展提供必要的物质保障。

三、学科建设的意义与必要性

当前我国正处于社会转型、经济发展的大环境之中，学科建设因此被赋予了特殊的意义。

第一，学科建设有利于提高高等教育质量。科教兴国和人才强国是我国的基本发展战略。高等教育是贯彻落实这一基本发展战略的重要环节，而学科建设正是高等教育的核心。为了促进学科建设，我国颁布了《国家中长期科学和技术发展规划纲要（2006—2020 年）》和《中共中央关于进一步繁荣发展哲学社会科学的意见》，从而不断推动我国高等教育质量的提升。

第二，学科建设有利于提高师资水平。学科建设离不开高端人才，高校应该将教师的学术追求与学科发展结合起来，这样不仅能促进学科的繁荣和发展，而且能建设良好的师资队伍。在学科建设的过程中，号召具有一定学术水平的人才积极参与，培养高校教师对学科建设的认同感，为提升师资品质创造条件。

第三，学科建设有利于促进社会发展。这一点是基于高校与社会之间的信托关系考虑，学科建设不能脱离社会需求而盲目发展，社会发展反过来又促进学科繁荣。如今社会朝着多元化方向发展，这就要求学科建设也要跟上社会发展的需求，为社会发展服务。

高质量的大学始于高质量的学科建设。应当抓住公安学成为一级学科的机遇，大力加强公安管理学学科建设，使其得到长足发展。

参考文献：

[1] 丁雅娴著：《学科分类研究与应用》，中国标准出版社 1994 年版。

[2] 孙锦涛：《学科论》，载《教育研究》2004 年第 6 期。

[3] 罗云：《论大学学科建设》，载《高等教育研究》2005 年第 7 期。

[4] 魏永忠：《论公安管理学学科建设的核心问题》，载《公安管理学学科建设新视角》，中国人民公安大学出版社 2014 年版。

[5] 刘献君：《论高校学科建设》，载《高等教育研究》2000 年第 5 期。

[6] 许慈晖：《论学科方向建设内涵与凝练原则》，载《承德民族师专学报》2006 年第 3 期。

[7] 谢桂华：《关于学科建设的若干问题》，载《高等教育研究》2002 年第 5 期。

[8] 翟亚军著：《大学学科建设模式研究》，科学出版社 2011 年版。

［9］聂国丽：《对公安管理学学科建设的认识与思考》，载《公安管理学学科建设新视角》，中国人民公安大学出版社 2014 年版。

［10］王毅虹：《关于公安管理学学科建设若干问题的思考》，载《公安管理学学科建设新视角》，中国人民公安大学出版社 2014 年版。

［11］冯向东：《学科、专业建设与人才培养》，载《高等教育研究》2001 年第 3 期。

［12］陈晓芳、刘思远著：《宁夏大学学科建设理论与实践》，宁夏人民教育出版社 2013 年版。

［13］朱旭东：《公安管理学学科建设若干问题研究》，载《公安管理学学科建设新视角》，中国人民公安大学出版社 2014 年版。

第八部分

公安管理文化创新的若干思考

安宇寰

一、公安管理文化的科学内涵

公安管理文化是公安组织及全体公安民警在长期公安管理实践活动中逐步形成的、为公安组织及全体公安民警所认同并遵守的，带有公安管理特点的，以一定的管理思想、管理制度、管理方式、管理行为为重要内容的文化形态的总和。简言之，公安管理文化，是指通过公安机关的各种组织及其活动规则、章程、纪律、法律所展示出来的文化因素。① 公安管理文化介于公安行为文化和公安精神文化之间，它建立在公安行为文化基础之上，又受公安精神文化的指导和调节，发挥着连接公安行为文化和公安精神文化的作用，承担着规范公安组织和公安民警个人行为的重要功能。从某种意义上讲，公安文化是作为一种管理文化的形态而出现的。因此，公安管理文化是公安文化的重要组成部分。

二、实现公安管理文化创新的重要意义

当前，我国正处于社会转型、经济转轨的关键时期，人民内部矛盾凸显、刑事犯罪高发、公安工作任务异常繁重而复杂。实现公安管理文化创新是践行科学发展观、改进公安思想政治工作、提升公安队伍整体素质和战斗力、建立和谐警民关系的有效途径。

---

① 曹礼海著：《公安文化建设的45个细节》，中国人民公安大学出版社2009年版。

（一）公安管理文化创新是践行科学发展观的必然要求

公安机关始终坚持党的领导，必须保持与党的高度一致性，按照党始终代表中国先进文化前进方向的要求，深入贯彻落实科学发展观，大力推进公安文化事业的大发展和大繁荣。在六十多年的发展历程中，公安管理活动积累、创造了很多宝贵的精神财富和丰富的管理经验，公安管理文化的精神品质始终蕴含在每一项公安组织建设的举措之中，反映在每一次重大安全保卫任务的过程之中，体现在每一个先进典型的培育和弘扬之中，实现公安管理文化创新，既是深入贯彻落实科学发展观的必然要求，也是广大公安民警义不容辞的重大政治责任。

（二）公安管理文化创新是提高公安队伍素质的重要途径

长期以来，公安机关在工作中取得的成绩和成果，与公安民警自身素质和文化修养密不可分，公安管理文化发挥了不可替代的重要作用。公安管理文化在引导方向、凝聚警心、激励斗志、鼓舞士气、陶冶情操、树立形象，推动公安队伍素质建设方面具有重要的促进作用。只有打造出政治立场坚定、业务精通、有崇高理想和坚定信念的高素质的公安队伍，才能创造出一流的公安工作。因此，实现公安管理文化创新，对于打造一支高素质的公安管理队伍，进一步增强队伍凝聚力和战斗力，保持队伍昂扬向上的精神风貌具有极大的促进作用。

（三）公安管理文化创新是新时期加强和改进公安思想政治工作的必然要求

党的思想政治工作是我们党领导人民取得革命胜利的一大法宝。① 思想政治工作是我党特有的政治优势，历来是公安工作的生命线，有着悠久的历史和优良的传统，在不同历史时期，为公安机关选择正确的发展方向发挥了至关重要的作用，并随着时代的发展而发展。在新的历史时期，加强公安管理文化建设，无疑是加强和改进公安思想政治工作的一个有效载体和重要途径。

三、公安管理文化创新的内容

（一）公安管理理念创新

进入21世纪，公安管理面临着新的机遇和挑战。只有实现公安管理理念创新，才能完善公安管理，实现公安管理科学化、人性化、法制化、现代化的目标，更好地为我国社会主义现代化建设事业服务。

---

① 刘宝莅、黄泽存著：《党的思想建设研究》，中共中央党校出版社2007年版。

1. 公安管理应树立"以人为本"的管理理念

"以人为本"是马克思主义理论的重要组成部分。马克思在《关于费尔巴哈的提纲》中指出："人的本质并不是单个人所固有的抽象物。在其现实性上，它是一切社会关系的总和。""以人为本"就是要确认人是一切社会关系的主体，人自身是衡量一切事物的尺度和标准，满足人的物质与精神需要是人的一切活动的出发点与归宿。由此得出，人是目的，而不只是手段；一切为了人，以及人的需要。公安管理的对象主要是人，服务的对象是广大人民群众，公安管理的核心是处理各种各样的人际关系，包括上级和下级之间的关系、同事之间的关系、公安民警和广大人民群众之间的关系，主要职责就是依法预防、制止和惩治违法犯罪，保护人民，服务经济社会发展，维护国家安全，维护社会治安秩序，保障社会活动的顺利进行。因此，公安管理的实质是对人的管理，人始终是公安管理文化创新的核心和主旋律，把"以人为本"作为公安管理理念创新的出发点和落脚点，符合马克思主义理论的基本要求。

2. "以人为本"的管理理念在公安管理工作中的运用

首先，把"以人为本"作为公安管理文化创新的核心理念。"以人为本"是公安管理事业的出发点和落脚点，公安管理工作的发展、公安管理工作目标的制定、公安管理工作发展战略的选择、公安管理工作结果的评价以及公安队伍的建设都要符合"以人为本"的要求。可以说，把"以人为本"的理念引入公安管理工作，是公安管理理论与实践的一项重大突破，并且"管理理念不是事成之后的总结与思考，而是事先就根植于人们头脑中的原则"。① 应当把"以人为本"作为公安管理工作的核心理念，并贯穿于公安管理工作的始终。

其次，坚持"立警为公，执法为民"的宗旨，切实维护最广大人民群众的根本利益。毛泽东曾说过："一切群众的实际生活困难，都是我们应当注意的问题，假如我们对这些问题注意了，解决了，满足了群众的需要，我们就真正成了群众生活的组织者，群众就会真正围绕在我们周围，热烈地拥护我们。"② 在公安队伍建设和公安管理方面坚持"立警为公，执法为民"，集中体现了人民警察把维护好、实现好、发展好最广大人民群众的根本利益，作为公安管理和一切公安工作的出发点和落脚点。"坚持以人为本，就是在执法目的上要以维护最广大人民群众的根本利益为本，在执法标准上以人民群众满意为

---

① ［美］特伦斯·迪尔、艾伦·肯尼迪著：《企业文化——企业生活中的礼仪与仪式》，李原、孙健敏译，中国人民大学出版社 2008 年版。

② 毛泽东：《毛泽东选集》（第 1 卷），人民出版社 1996 年版。

本，在执法方式上充分依靠人民群众，实现专门机关和群众路线相结合”。[①]

最后，坚持“以警为本”充分尊重公安民警的主体地位，维护公安民警的合法权益，实现公安民警的全面发展。广大民警的精神状态和人心所向，决定公安事业的成败。公安管理在强调“以人为本”的前提下，在公安组织内部要奉行“以警为本”的指导思想。“以警为本”是“以人为本”理念在公安管理工作中的具体要求和体现。具体而言，就是要把每一位警员都看作有着强烈事业进取心和荣誉感，有着丰富感情和多方面合理需求，需要全面发展的社会的、文化的“人”，而不是没有思想的机器人或工具人，从而应该做到依法治警、从严治警和从优待警、文化育警相结合，形成具有强大凝聚力的团队精神，激发出警察群体内在的积极性和创造性。[②] 在公安管理中要实行“以警为本”的管理方式，核心是要关注民警的需要，了解每一名民警的个人爱好、工作能力以及家庭生活状况，给予公安民警在人格和尊严上的应有尊重，真正关心每一名公安民警的政治进步、物质生活待遇的保障和精神生活的充实和满足，帮助民警树立终身学习的学习理念，不断为提高民警的业务素质和工作能力创造机会。

（二）公安决策科学化

公安决策，是公安机关及其领导者或特定主体，根据党和国家赋予的使命和宪法、法律的有关规定，从发挥人民民主专政职能、维护社会稳定、保卫社会主义现代化建设和国家的长治久安出发，针对面临的任务和问题，为了实现预测的目标，采用一定的科学理论、方法和手段，了解、分析和研究实际情况，通过创造性思维活动所进行的方案设计、选择和实施的活动。[③] 公安管理活动始于决策，公安决策是公安管理活动的起点，亦是公安管理的核心。因此，实现公安管理文化创新应从公安决策科学化开始，没有科学的决策就没有科学的管理。

1. 公安决策者必须树立决策科学化的理念

在信息社会条件下，面对复杂多变的社会治安环境，运用科学思维方法，严格实行科学的决策程序，对公安工作进行科学的论证是公安决策者在思想上首先必须树立的理念。它要求公安决策者提高科学决策的意识，勤奋学习，刻苦钻研，提高自身的文化素养，审时度势，研究制定的各项决策既要适应时代发展的要求，又要符合公安机关和广大民警的现实需要。

---

① 中共中央政法委员会编：《社会主义法制理念读本》，中国长安出版社 2009 年版。

② 张兆端著：《警察文化学》，中国人民公安大学出版社 2002 年版。

③ 于兆麟、刘汉文主编：《当代公安管理学》，中国人民公安大学出版社 2001 年版。

2. 建立高效的公安决策信息系统

信息是保证决策科学化的前提和基础。公安信息系统是由掌握信息的专门组织和专业人才组成，专门负责信息的收集、传输、加工、分析、储存、研判等信息处理工作，为公安系统建设和公安决策提供信息资料。因此，建立高效的信息系统是实现公安决策科学化的重要保证，是必不可少的“软件”系统。

2006 年 11 月 16 日，“金盾工程”一期顺利通过国家验收，建成了全国人口基本信息资源库、全国出入境人员资源库、全国机动车/驾驶人信息资源库、全国警员基本信息资源库、全国在逃人员信息资源库、全国违法犯罪人员信息资源库、全国被盗汽车信息资源库、全国安全重点单位信息资源库八大基础数据资源库，这标志着我国公安机关信息化建设水平取得了跨越式的发展。目前，我国又启动了“金盾工程”二期建设，力争实现公安信息系统的全警采集、全警应用、全警共享的信息化应用格局。

3. 建立健全公安决策智囊系统

国外将智囊系统称为外脑、智囊团或思想库，它是决策的咨询参谋机构，起到为决策者提供咨询意见的作用。

公安机关的决策智囊系统，应由各级公安机关中具有较高理论水平、研究能力和熟悉公安业务工作的专家组成，同时要引进思维敏锐、综合分析能力强，具有哲学、政治学、心理学、社会学、管理学、犯罪学等多方面知识的人才，组成一个完整的科学信息分析处理中心、犯罪预测机构和决策参谋咨询系统，开展政策研究、犯罪研究、社会动态研究和治安战略研究等，发挥其智囊、参谋和咨询的作用。

4. 发挥公安决策中非理性因素的积极作用

一个完全的、理性的决策者，他首先会认真确定一个问题，并且会有一个明确而又具体的目标。决策制定过程的步骤会始终导向选择，并且使目标趋向最大化的方案。在公安工作中，如果一个决策者是完全理性的，那么就会在所有的备选方案中作出最佳方案的选择。但现实的情况是，由于公安工作的特殊性，许多决策往往是在时间紧迫、信息不明的情况下作出的，公安决策者无法做到完全理性，也就是说他只能采用有限的理性进行决策，即公安决策者“不可能分析所有决策方案的所有信息，因此他们只是制定满意的，而不是使目标最大化的决策”。① 这就需要公安决策者感受问题的敏锐性、对于情况的洞察力、对于事物本质的直接把握，也就是我们通常说所的直觉、灵感、意志

---

① ［美］斯蒂芬·P. 罗宾斯、玛丽·库尔特著：《管理学》（第 7 版），孙健敏等译，中国人民大学出版社 2003 年版。

等这些非理性因素在决策中发挥作用。直觉、灵感、意志等这些非理性因素是决策过程中达到高潮阶段所出现的一种巅峰状态的、最富有创造力的心理状态。因此，公安决策科学化要认识到非理性因素在决策中发挥的积极作用，注重决策者非理性因素的培养。

（三）公安管理体制创新

公安组织管理体制，是指依据国家政策、法律法规规定的关于公安机关与党和政府的关系以及上下级公安机关之间的关系的制度。[①] 我国现行公安系统的组织管理体制，在坚持党和政府对公安机关领导的原则下，实行“统一领导，分级管理，条块结合，以块为主”的制度，即公安部接受党中央和国务院的领导；地方各级公安机关，一方面接受当地党委和人民政府的领导，另一方面接受上级公安机关的领导，以地方领导为主，也就是我们通常所说的“双重领导”体制。这种“双重领导”的管理体制，是公安机关在党的领导下，经过长期的实践逐步发展确立起来的，是一种具有中国特色的，与传统经济、政治体制相适应的，具有重要政治优势和文化优势的行政型管理体制。但随着我国经济体制和政治体制改革的不断深入，这种管理体制在公安管理实践中引发出的弊端越来越明显。在目前阶段，从根本上还不能完全改变这种格局，但可以在保持大局的基础上，完善警务保障体制、人事管理体制等方面，实现公安体制的文化创新。

1. 在警务保障体制方面，要落实从优待警

所谓从优待警，就是以公安机关为主的各级组织在国家有关方针政策的指导下，根据不断变化的社会局势，积极创造条件向广大民警提供优惠政策、优良条件和优厚待遇等一系列工作的总和。[②] 从优待警不仅仅只是提高公安民警的工作环境和社会条件，以及工资福利等，而是要在政治上关心民警、精神上鼓励民警、工作上爱护民警、生活上体恤民警、帮助民警解决后顾之忧走“高薪养警”之路。学者张兆端认为，在从优待警的警务保障体制方面，应健全八个机制：一是建立警察执法权益保护机制；二是建立警察心理健康保护机制；三是建立高强度、危险岗位津贴和超时补贴机制；四是建立警察因公伤亡和医疗保险机制；五是建立一线警察人身安全保护机制；六是建立警察休假和疗养机制；七是建立完善济困和优抚机制；八是建立文体育警机制。实现从优

① 倪小宇、申智军、陈家逊主编：《公安管理学》，中国人民公安大学出版社 2008 年版。

② 詹伟、王源、张青：《加强我国公安机关从优待警保障问题研究》，载《中国人民公安大学学报》2008 年第 1 期，第 79 页。

待警，以确保公安机关职能作用的有效发挥。

2. 在人事管理体制方面，要完善人民警察的招录体制和领导干部选拔体制

在人民警察招录体制方面，要根据2000年5月人事部、公安部联合发布的《关于地方公安机关录用人民警察实行省级统一招考的意见》和2007年11月人事部发布的《公务员录用规定（试行）》两个规范性文件的规定，按照人事计划管理程序标准录用人民警察。

在领导干部选拔任用方面，要根据中共中央2002年7月发布的《党政领导干部选拔任用工作条例》的规定，坚持党委、政府和上级机关党委共同考核、协商决定的原则，严格按照干部选拔任用规定的程序办事。按照《人民警察法》的要求和公安机关关于人民警察的招收、考核、培训、任用、授衔、晋升、奖励、退休等规定，坚决做到未经公安系统培训的人员，不得由其他行业调入公安机关；未经相应职务培训的人员，不予晋升；对不合格人员坚决辞退、调离，做到严把进人关。

第九部分

公安管理学重点课程建设研究

乔 菲

一所高校办学水平的高低，取决于科学研究的水平和人才的培养质量，教学改革是学校教育改革的核心，而课程改革又是教学改革的核心，是学校建设的中心环节，对高校的改革与发展具有重要的战略意义。自20世纪90年代以来，以国家教育部门的规划立项和各高校的课程教学改革为主的高校课程建设在高等教育模式多样化、课程设置综合化、课程内容现代化的背景下从理论到实践得以深入展开，各高校开始进行课程建设的立项建设与研究工作。高校课程建设与教学改革成为我国高等教育改革的核心领域。在高等教育过程中，教师、学生和课程是影响教学质量的三个核心要素。课程作为教学最基本的要素和单位，它不仅是学生获取知识、培养能力、提高素质的主要途径，而且还体现出教育者的教育理念，反映出教师的素质、能力和专业水平。从本质上说，课程建设是课程的改革和优化，是为了实现现代教育目标而对课程内容的优化、教学思想的拓展和教学方式的改革。高校的课程建设在顺应科学知识综合化的过程中，不断调整课程模式，更新课程内容，利用信息化手段改造课程结构，加强先进的教学方法和手段的采用，倡导优质教材的编写或选用，推广现代教育的运用，以增强学生面对社会变化的适应能力和创新能力。

因此，课程建设是高等学校的根本建设，建设好每一门课程，是提高学校办学水平和办学效益的基础，是把学校建设成为教学和科研的先进基地的根本保证。就学校的教学工作而言，课程建设也是中心环节。课程建设工作的进展情况及成绩的大小，直接影响着教学水平的提高和人才的培养质量。而重点课程建设在提高教学质量、实现培养目标方面具有示范、先行和导向的效能，它对高等教育至关紧要，其根本目标是优化人才的培养环境，造就人才的高品位素质，对培养高素质的师资力量和公安管理人才起着重要的作用。

同时，我们研究重点课程建设，就必然会涉及学科建设、专业建设与课程建设，它们是高等院校的三大基本建设，这三大基本建设的水平和质量决定了学校的办学类型、层次和特色。学科建设、专业建设与课程建设三者既存在着联系，又相互区别。在实践中只有正确把握三者间的关系，才能实现相互间的协调发展，形成学科、专业、课程建设的良性协调和促进机制，以学科建设为龙头，推进专业和课程建设，以专业、课程建设促进学科建设，共同实现高素质公安应用管理人才的培养目标。

一、重点课程建设必须与学科建设和专业建设相结合

（一）学科、专业、课程的概念及内涵

学科是高等院校的一个基本单位。学科是按照学问的性质而划分的门类，能够体现学校发展的方向和特色。而作为重点学科，必须能带动和促进其他学科的发展。[①] 学科的基本特征是学术性，是与知识相联系的一个学术概念，核心是知识的发现和创新。学科的划分，必须遵循知识体系自身的发展逻辑。

专业是指课程的一种组织形式，是根据科学分工形成的学业分类，是按照社会对不同岗位的专门人才需求来设置的，以培养各级各类专门人才为己任。[②] 学校开设的专业是根据社会发展、经济建设的需要以及学校的学科特点、课程特点而确定的。

“课程”一词在中国始见于唐宋期间，课程是按照一定的社会需要，根据某种文化和社会的价值取向，为实现学校教育目标而组织制订的一套有目的、可执行的计划，它规定了培养目标、具体内容和实施的方法，并且有一套可以具体实施的策略以及恰当评价的方法。课程是按教育学规律对学科知识的传播、改造和拓展。课程建设的内容主要包括：明确并规范课程教学内容；探索本门课程内容的发展规律，提出前沿领域的科研成果；遵循正确的指导思想，科学地确定教学目的、教学的基本要求、教学实践环节要求；积极开展教学研究，探索教学规律，改进教学方法和形式。课程建设的任务侧重于优化课程结构和提高课程教学质量。优化课程结构的重点是开发新课程，改造旧课程，科学建构不同课程之间的比例关系。课程建设与改革是整个教学改革中最为重要的一个环节，无论教学的外部环境如何变化，认真抓好课程建设这一基础工

---

① 程伯基：《建设医学重点学科的基本思路和实践》，载《中国高等医学教育》1997年第1期。

② 曾晓虹、刘海燕：《对审计学学科建设、专业建设、课程建设关系的思考》，载《审计与经济研究》2009年第1期。

作，是提高教学质量的关键。

重点课程建设是高等学校一项综合性、长期性、根本性的战略任务，是学校办学水平、办学特色、学术水准和综合实力的重要标志。重点课程一般是指高校将有限的教学资源用于某些课程，以实现人才和技术上的突破，在激烈的竞争中占领学科建设与发展的一席之地。一般所指的重点课程是对高校而言的，但也可以泛指其他学科门类。获得重点课程立项的都是该校该专业在全国同类专业中领先的学科，国家通过给予财政资金以及政策的倾斜保证该学科的发展，使其保持在国内的领先地位，并向世界一流学科冲击。所以，重点课程承载着高等学校教学、科研和服务社会三大职能，其有结构合理的高水平学术梯队，有一定国际影响或国内公认的学术带头人，教学、科研条件居全国同类学科先进水平，具有较强的与相关学科相互支撑的能力和获取国内外信息资料的先进手段。重点课程建设是高校赖以生存和发展的基础，是大学的优势特色、竞争力和学术声誉。①

（二）课程建设、专业建设、学科建设的内涵和目标

课程建设是保证教学质量的基本单元。课程建设是一个广义的概念，其内涵为“教学思想与教学目标，教学内容与教学方法，教学的素质与水平，教学基本条件与教学管理”的总体系统建设。它既包括完成传授知识的载体和条件的建设（教学大纲、三基方案、教材、教学设备手段等），也包括完成传授知识的教学工作状态的建设（教学工作文件、课堂教学、教改措施、教学实践环节的安排、考试制度等）和传授知识的主导力量——师资队伍的建设。因此，课程建设的任务就是根据现有条件和课程现状，按课程发展目标逐步完善课程的各相关要素，强化教书育人、知识传授及能力培养系统，形成推动课程不断发展的有效机制，以达到提高教学质量、实现培养目标的目的。

专业建设是一项直接影响高校的招生、学生的培养及毕业生的就业方向的基本建设。专业建设关系着学校的生存，反映了对社会不同人才需求的适应程度。其内容应包含专业的设置及其调整，专业结构、布点的研究与调整，人才需求信息的采集与发布，人才培养质量的评价，等等。专业的建设、改革和发展一定要坚持以内涵为主的原则，除调整系科和专业设置、拓宽专业面以外，主要靠优化课程结构，改革课程内容和教学方法，加强教材建设，注重学生素质、能力和创造力的培养来达到增强学生适应性，提高人才培养质量的根本目的。

---

① 饶海琴、雷良海：《重点课程建设对创新人才培养的思考》，载《课程教育研究》2013 年第 11 期。

学科建设是学校的龙头工程。抓好学科建设，可以推动高校教学和科研水平的提高，使高校的人才培养工作和科研工作为社会发展作出更大的贡献。

学科建设、专业建设和课程建设是相互联系、相辅相成的。专业包含了多门课程和多个学科，专业与专业之间的联系需由课程和学科作纽带，专业的特色由学科特色和课程特点来体现。学科由一门或一门以上的课程所构成，为专业的开设提供主要支撑。课程是专业结构的基本单元，课程及其有机的组合是办好一个专业的先决条件，并以其来达到传授知识、培养人才的目的。专业的人才培养功能是通过课程实现的，课程要为实现专业的培养目标服务，所以课程建设要以专业建设为依托。因此，在学科建设、专业建设和课程建设中，学科建设是核心，课程建设是学科建设、专业建设内容的基础；学科建设是连接课程建设和专业建设内容的中间环节；专业建设可以涵盖课程建设、学科建设的内容，其相应的建设内容更广泛。学科建设、专业建设和课程建设相互联系、相辅相成，学科建设是龙头，专业建设是依托，课程建设是基础。①

因此，从学校发展和提高的角度来讲，专业和课程不论是学科的分化，还是学科的综合，都是以学科为基础。要提高专业和课程的水平，必须以提高学科水平为前提，学科建设为专业和课程的建设提供基础条件。没有实力雄厚的学科基础，课程难以成精品。在当前公安学和公安技术学一级学科建设的背景下，加大对公安管理学二级学科的建设和研究，对促进其重点课程建设具有重要意义。

二、影响课程建设的因素分析

课程建设是教学质量的保证，是各类学校都必须加强的共性问题，建设反映了学校适应社会建设需求的程度，以及对社会人才消费的引导水平，是学校生存与发展的基础。课程及课程体系是动态的、变化的、发展的，随着社会、经济和科技的发展而不断进行更新和优化。高等学校的课程和教材具有时代性，它反映文化发展的趋势，代表一个时代社会文化发展的水平。在课程建设中，课程随社会的发展而改变，它受各种因素制约和影响，分析并研究这些因素的影响，对课程建设的实践以及政策制定都有现实的指导意义。②

---

① 黄伟九、刘军跃：《坚持学科、专业与课程建设“三结合”促进特色学科建设》，载《重庆工学院学报》2006 年第 4 期。

② 刘刚华：《论高等教育的课程建设》，西安电子科技大学 2005 年硕士学位论文。

（一）国家的教育方针政策和培养目标对课程设置和建设起着重要的指导作用

国家培养目标是对学生的预期发展状态所作的规定，是教育思想的核心，它体现一个社会、一个国家对受教育者的总体要求。在不同的历史时期，国家提出不同的教育方针和目标，课程体系也随之不断变革，其改革具有鲜明的时代特征和现实教育需要的目的特征。从总体上看，国家教育方针政策对课程建设的影响主要是指导思想方面的，随着教育思想观念发生变化，这引起了学校从办学理念到具体教育教学方法的改变。高校课程不断改革，课程结构进一步优化。逐步根据各校、各专业的具体情况，形成了各自独具特色的课程结构。①

（二）高等院校的人才培养目标影响着课程的设置

学校拥有什么样的人才培养目标，就有什么样的课程设置，或者说人才培养目标是课程改革的先导。例如，中国人民公安大学人才培养目标是为公安机关着力培养具有七个特色的高素质公安专门人才。这七个特色是“忠诚可靠、业务扎实、敢于创新、精于实战、一专多能、作风优良、身心健康”。那么在课程体系和设置上都要围绕人才培养目标而进行，更加突出实战和应用。但目前课程体系整体性不强，课程设置的随意性较大，公安专业中的相关知识分割过细，因人设课的现象不同程度地存在。同时，还在一定程度上忽略了学科发展的前沿性内容，对相关学科知识的吸收和利用显得不足，造成知识容易老化，整个课程体系比较封闭。这一切都不利于学生的个性发展和潜能开发。②

（三）学科建设和发展对课程建设具有重要影响

在高等学校中，所有的专业都有各自的学科归属，专业与学科的发展相互促进，当学科发生变化的时候，必然影响到相应专业及其课程。2011 年 3 月，公安学和公安技术被国务院、教育部批准为一级学科。在加强一级学科建设的同时，加强公安学下设二级学科的建设就显得尤为重要。公安管理学的学科建设已走过了三十多年的历程，也取得了长足的发展，作为公安学的二级学科正逐渐走向成熟。从管理科学的隶属关系上来说，公安管理学属于综合性边缘学科，它既是现代管理和行政管理的一个分支，也是一门政治性、实践性很强的应用科学。公安管理学学科自 20 世纪 80 年代发展至今，结合公安工作发展的客观需求，作出了应有的贡献。但是现阶段我国公安工作面临着许多新情况、

---

① 刘刚华：《论高等教育的课程建设》，西安电子科技大学 2005 年硕士学位论文。

② 黎津平：《对公安大学办学理念的调查与思考》，http：//blog. ifeng. com/article/1649176. html。

新问题和新矛盾，公安管理学中的很多内容已经不能适应当前形势发展的客观需要。为了应对这种社会变迁，各级公安机关近年来在警政建设和警务改革方面进行了多种有益的尝试，这就要求我们加紧探讨和研究成熟、完整的公安管理学学科体系，推动我国公安工作的发展和队伍建设的壮大。①

学科建设是课程建设的前提，既为课程建设奠定了深厚的基础，也为课程建设指引方向。学科建设的深度与广度影响着课程建设的质量。

（四）社会需要影响课程内容和课程设置的变革

我国的课程侧重于社会需要和发展的价值取向，以社会为中心，主张以社会需要为出发点和归宿。因此，公安管理学的课程设置要适应社会及公安管理工作的形势及任务，要随着社会的发展及公安管理工作的发展不断进行调整。

总之，课程建设的发展受多种因素的制约，既受教育方针的指导作用，也受办学理念的影响，学科发展会引起课程体系的变革和课程数量的发展，社会需要会引起课程内容的变革。因此，在课程建设中，仔细分析这些因素的影响，使课程建设更为合理，更符合时代发展的要求。

三、公安管理学重点课程建设的方向

（一）全面目标是重点课程建设的方向

课程教学是学校的基本教学活动，是人才培养过程中最重要的环节。加强课程建设是提高教学质量的根本途径。从表面上看，重点课程建设只是从事课程的建设，但是教育是培养人并着眼于未来的事业，加强课程建设提高教学质量的根本在于培养人与着眼未来人才的社会效用。

课程建设要达到一个总的先进的目标，需要从事课程人员的梯队结构比例合理，整体学术水平较高，教学各环节设置周密，教学效果好、教学质量高，使用教材具有本专业和地方性特色，教师科研水平和能力较强。一句话概括，即能在国内同类课程中处于较好的水平。这个奋斗目标是较高的、任务是很重的，无疑实现这个目标的工作也是很艰巨的。

（二）努力实现重点课程向精品课程的跨越

对于精品课程的具体内涵从不同的角度可以有多种不同的诠释。刘彬让提出精品课程的内涵体现在：一是要具有先进的教育思想；二是要具有丰富而新颖的教学内容，要能反映最新的研究成果；三是良好的教学艺术是一个优秀教师必备的素质；四是精品课程需具有先进的教学方法和教学手段；五是严格的

---

① 刘彬：《论公安管理学二级学科建设》，载《净月学刊》2013 年第 5 期。

教学管理；六是要有优秀的教学效果。① 高等院校在课程建设中，有计划、有目的地建成一批辐射性强、影响力大的优质的课程资源，可以大范围地推进全校的课程建设，营造一种重视教学质量，以人才培养为首要任务的良好氛围。始终将课程建设与改革视为提升教学工作水平的原动力。2003 年 4 月，教育部高教司正式颁布《教育部关于启动高等学校教学质量和教学改革工程精品课程建设工作的通知》，启动了精品课程建设项目。精品课程建设正是希望通过共享优质教学资源，发挥范围辐射作用，通过发挥整个高等学校群各自的优势，共同建设精品课程体系，以缓解不断增长的教育需求同优质教育供给不足的矛盾。这项自上而下的教育教学改革工程，是我国高等教育质量工程的重要组成部分，也是提高教学质量和教学水平的创新之举。②

加强公安管理学重点课程建设，使其实现向精品课程的跨越，是重点课程一个质的飞跃，既是一个理性的继承，又是一个具有前瞻性的推进。从重点课程到精品课程的转变，实现了课程数字化教学水平的提升。利用现代化的教育信息手段将精品课程的相关内容上网并在规定的范围内开放，以实现优质教学资源的共享，提高学校教学质量和人才培养质量，推动高等教育教学改革，这既是精品课程的精髓，也是课程建设的目标。

（三）加强师资队伍建设是重点课程建设的中心

教师是教学活动的设计者、组织者和主要的引导者，高效率的教学活动需要高素质的教师队伍。建设一支高水平、高素质的教师队伍，是推动高等学校教育改革的发展，提高教学质量的关键所在。课程建设的关键在于师资队伍建设。加强师资队伍建设是重点课程建设一项最主要的内容，师资队伍建设的质量，直接关系到课程教学的质量和人才培养的水平。公安管理学的课程是综合性和应用性比较强的课程，课堂组织教学的难度很大，这就需要担任这门课的教师具有较深的学术造诣和人格魅力。这就要求在师资队伍的建设上以重点课程建设的要求为标准。首先，按照优化学科结构、年龄结构、知识结构、学历结构的要求，整合人力资源；其次，以提升讲授水平为核心，这就要求注意培养现有教职人员，鼓励年轻教师进一步攻读学位，加强选派教师参加国内外进修和培训；最后，加强青年教师对学科建设和课程建设的理论及实践的研究工作，以新的理论知识引领重点课程建设工作。

---

① 吴炎：《国家级精品课程建设的问题研究——以 A 大学国家级精品课程为例》，安徽师范大学 2013 年硕士学位论文。

② 余巍巍、许俐俐：《从重点课程到精品课程的跨越——东华理工大学课程建设工作的思考》，载《东华理工大学学报（社会科学版）》2010 年第 12 期。

（四）加强教材建设，更新教学内容

教材建设工作是高等院校的一项基本建设工作，是衡量一所高校办学水平高低的重要标志之一，是进一步深化教学改革、巩固教学改革成果、提高教学质量、造就高素质人才的重要环节。教材建设也是课程建设的重要内容。在课程建设中，由于社会经济和生活的日新月异，公安管理学教育的内容也随之发生很大变化，这就对加强教材建设提出了很高的要求。更新教学内容是教材建设的主旨，但是，高质量决不等于抛弃学科特色，相反，只有处理好改进课程内容与保持学科特色的关系，新教材才有坚实的根基和旺盛的活力。

为了及时跟上社会和公安管理工作发展的步伐，同时又保持教学课时的稳定性，注重处理好教学内容不断更新与教学过程相对稳定的关系，不断更新、精选教学内容，同时根据社会发展对人才培养的要求充实修订教学大纲，并结合学生实际，修订教学计划与教学进度表等文件，以此保持教学大纲与教学内容的先进性和应用性。对于那些近期的科研成果，我们可以以讲义（资料）的形式编入教材，把新知识及时传递给学生，促进优质教学资源共享。通过规范教学行为，明确教学要求，使任课教师有章可循，保证不同的教师授课教学内容不缩水，教学要求不降低。

（五）创新教学方法，推进重点课程建设

重点课程建设不仅要教给学生最基础、最前沿、最有用的东西，更要教给学生获取知识的方法，激发学生对所学课程的兴趣、积极性和参与意识。教学方法和手段是有效完成教学任务的重要一环，教学方法是否科学得当，直接影响学生的积极性，影响教学的效果。

目前，公安管理学专业的课程教学多采用传统的教学方法，在教学过程中只重视教授现有的知识，将教学大纲中规定的知识内容填鸭式地灌输给学生。教学过程强调的是教师的“教”，而忽视了学生的“学”，课堂上，师生之间缺乏互动与交流，课堂气氛比较沉闷，学生主要以听为主，缺少独立思考的时间，缺乏探索问题的能力。这种传统的教学方法，以教师为中心，忽略了学生在学习中的主体地位，向学生灌输了大量的知识却无法培养学生的创新思维和创新意识；以课本为中心，强调理论知识的学习，缺乏与实际应用的联系，学生实际动手能力无法得到锻炼；传统考核的成绩也不能体现学生真正的学习能力，这种传统的教学方法导致学生渐渐失去独立思考的能力，培养的是缺乏创造性、适应性及竞争性的学生。①

随着时代的进步，科学技术的发展，社会对公安管理人才质量的要求越来

① 董华：《高校教学方法改革之我见》，载《创新科技》2013 年第 8 期。

越高，对人才的需求越来越多样化，这也决定了人才培养目标需要多样化，因此需要教学方法也与之相适应。传统的教学方法和理念束缚着人们的思想，也不利于教师和学生的发展，需要对其进行改革。教学改革需要一个较长的探索过程，教学方法改革的重要性、持久性和艰难性在教学改革中是居于首位的，是教学改革的重中之重，我们必须肩负起创新教学方法改革的使命，为培养适应社会发展的创新型公安管理人才奠定坚实的基础。

参考文献：

［1］彭月英、钟佩君：《学科建设视域下的形势与政策课程建设》，载《湖南学院学报》2010 年第 12 期。

［2］刘芸：《学科建设、专业建设、课程建设及其关系》，载《南通师专学报（社会科学版）》1998 年第 6 期。

［3］张文治、孙晔、俞苓、沈晶：《深化课程改革提高教育质量——〈微生物学〉重点课程建设的探索与实践》2007 年。

［4］张尧学：《扎实推进质量工程抓紧抓实精品课程建设》，载《中国高等教育》2003 年第 9 期。

［5］李孟辉：《精品课程建设与教学方法改革》，载《湖南农业大学学报（社会科学版）》2008 年第 9 期。

［6］孙术发、肖生苓、杨学春、李洋、宋志国：《“商品与物料学”重点课程建设与实践》，载《森林工程》2013 年第 7 期。

［7］史国雅著：《课程论》，山西高校联合出版社 1991 年版。

第十部分

公安管理专业人才能力培养

张继远　彭　浩

自 1984 年公安管理专业设立至今，已走过三十多年的发展历程，专业学科体系日益完善，为我国公安机关培养了一大批优秀管理人才，但是，存在的问题也不容忽视。截至目前，我国 22 所本科公安类高等院校当中，只有 7 所院校开设了公安管理专业，分别是中国人民公安大学、江苏警官学院、铁道警察学院、南京森林警察学院、北京警察学院、四川警察学院、河南警察学院，年招生规模在 400 人左右，与经济社会快速发展的人才需求相比存在不小的缺口。公安管理专业人才作为基层公安机关后备管理人才的重要来源，其与工作岗位相匹配的能力培养至关重要，关系到人才培养质量的高低，也关系到公安管理工作的顺利开展，应当引起各个公安院校的高度重视。

一、公安管理专业人才需要具备的能力

新时期公安改革大幕已经拉开，现代警务理论与实践也在蓬勃发展，围绕公安实战需求和“职业化、规范化、现代化”公安队伍建设目标，公安类高等院校培养的公安管理专业人才，首先必须保证学生具有坚定的思想政治素质，始终做到忠于中国共产党、忠于祖国、忠于人民、忠于法律；同时，还要积极塑造学生惩恶扬善、团结协作的警察职业精神和职业特质。在同时具备上述条件的基础上，为了使公安管理学专业人才能够迅速转变角色、适应公安管理工作的新要求，还应该具备以下几方面的能力。

（一）基本能力

1. 协调沟通能力

协调沟通能力是现代成功管理者必备的一项重要素质之一，“可以使一个

人获得认知自我、理解和调节他人情绪以及与他人合作的能力”。[①] 通过警察公共关系、警务沟通等理论课程的学习，以及参加各种社团活动的模拟锻炼，使学生能够熟练掌握与不同群体（上级、同事、下级、群众、媒体）的基本沟通技巧、方法、步骤和礼仪等内容，能根据不同场景选用合适的沟通方式，对沟通要素进行优化组合达到最佳沟通效果。这有利于实现有效的警民、警媒（网络媒体和新闻媒体）沟通，同时有效拉进警民关系，重塑警察形象。

2. 书面语言表达能力

良好的书面语言表达能力既是个人综合素质的重要表现，也是拥有良好人际关系的基础。通过开设公安应用文写作、公安秘书学等课程，掌握不同公文的行文格式和写作要求，如请示、报告、通知、信函等，以及相关活动的计划方案、调研报告等。在日常的公安管理工作中，通过演讲与口才课程的模拟训练，如新闻发言人、辩论赛、演讲比赛等，使学生能够从容自信地运用语言或肢体语言进行表达。

3. 统计分析能力

科学、合理的政策制定，离不开精确的数量统计分析。定量分析与定性分析相结合，能够减少因“拍脑袋”决策而带来的损失，同时增加政策的说服力和科学性。在大数据背景下，要想做到统计分析辅助科学决策，应该培养公安管理专业学生掌握统计学的基本理论、基本知识和基本技能，熟练掌握常用的社会研究方法及统计分析软件，并能够对统计结果进行科学分析，使其具备运用统计方法、数学模型和统计软件解决实际问题的能力。

4. 信息检索能力

信息检索能力是“创新人才应具备的基本技能、开发信息资源的有效途径、科学决策的前提”。[②] 科学、高效的网络舆情收集与管控，不仅有利于将各种突发事件扼杀在萌芽当中，还能够第一时间赢得舆论传播的主动权。这就需要培养学生的信息素养，使其掌握快速检索信息的技巧和方法，并能够进行初步甄别和筛选，然后根据舆情监控情况进行态势的综合研判；同时还应该熟练掌握各种专业数据库信息的检索查询，尤其是公安行业以“金盾工程”为依托的八大信息资源库。

---

① 张尔升：《大学生沟通能力培养教育探索》，载《经济与社会发展》2008 年第 1 期。

② 赵立桢：《试论信息检索的意义及作用》，载《沈阳农业大学学报（社会科学版）》2003 年第 4 期。

（二）综合应用能力

1. 基本警务技能

“围绕警察的职责要求，警察必须业务熟练、执法技能过硬等基本素质，每位警察的体能、技能、心理等方面职业素质需大幅提升”。① 目前，各公安类高等院校结合公安基层单位实际工作情况，普遍开设擒拿格斗、缉捕技能、查缉战术、警械使用、武器使用、防卫与控制、警务现场急救、基本驾驶技术、谈判技术、调解艺术等项目课程，用以培养学生的基本警务技能。但是，普遍缺少合理的考核标准衡量学生掌握的情况，导致学生培养质量参差不齐，可参考引进国外或香港等地的合格证制度，合格一项颁发一证。

2. 组织管理能力

组织管理能力是一个人的学识、涵养等基础条件的外在综合表现。组织管理能力应该成为公安管理专业人才培养的主要目标，因为日常的事务管理往往纷繁复杂，这其中主要包括：公务接待和会务组织，如新闻发布会、座谈会、听证会、学术讨论会等；组织开展公务活动，如专题调查研究、警民共建活动日、文艺演出等。这就需要培养学生具有较强的组织管理能力和系统思维，能够有效整合各种资源，做到条理、有序。可以通过开展形式多样的素质拓展活动以及情景模拟等训练，增强学生这方面的能力。

3. 办公软件操作能力

当今社会，办公自动化软件在日常事务管理中扮演着必不可少的角色，对其掌握的熟练程度，在一定程度上决定着工作是否顺利推进。在日常公安管理工作中，最基本的包括文字编辑软件 Word、电子表格软件 Excel、演示文档 PPT 和图像处理软件 Photoshop 等。但同时，也需要熟练操作各种专业办公软件和现代办公设备，如复印机、扫描仪、传真机、投影仪等。办公自动化的趋势，要求每一位公安管理专业人才具有这方面的应用能力，并且做到熟能生巧，为创新性地开展工作提供便利。

4. 危机处置能力

随着全面深化改革的不断深入，各种复杂矛盾、突发公共安全事件层出不穷，导致社会不稳定因素激增，这对公安机关及工作人员的危机处置能力提出更高的要求。通过开设公共危机与舆情管理课程以及公共危机事件现场处置实训等，增强危机意识和敏感性，掌握危机处置技巧和应急管理知识，熟练掌握各种危机处置预案的编制，如群体性事件、突发公共安全事件、重大交通事故

① 李永康、黄肃杨：《公安院校警务技能训练新模式探究》，载《公安教育》2008 年第 12 期。

等，能够对危机的发展规律有一个全面认识。目前，涉警网络舆情危机的处置也应该引起高度重视，做到正确处置并减少社会不良影响。

（三）自我调节能力

1. 心理调适能力

警察作为社会的一种特殊职业，其特殊性决定了警察面对的压力比常人要复杂、强烈。警察的压力主要来源于“人民群众和政府的高要求、组织结构和气氛、工作本身、人际冲突，还包括个体主观原因引发的压力”。[①] 适当的压力具有正面作用，能够促使我们朝着既定目标努力；负面作用则使人焦虑、抑郁，处于亚健康状态，甚至导致自杀行为。通过开展心理行为训练，帮助学生掌握心理调节的方法，一旦面对压力，能够及时运用科学的心理调适方法进行自我调整，以此来适应社会环境及个人身心。

2. 主动学习能力

主动学习能力是终身学习的重要保障，是永葆社会竞争力的武器，是创新能力培养的基石。在经济社会快速发展的同时，新知识和新技术也在迅速更新，只有主动学习，才能实现自我价值的提升而不被社会淘汰。通过激发学生的学习兴趣，调动学习的自觉性，引导学生善于独立思考，培养主动学习能力，不仅有利于培养学生独立人格的养成，还有利于培养学生对新知识和新事物的探索能力，为将来持续“充电”打下坚实基础。另外，现代警务改革和工作机制创新，也离不开每一位警务工作者的思考。

（四）创新能力

创新是一个民族兴旺发达的不竭动力。创新依赖于创新精神和创新意识的培养，更离不开创新能力的设计和训练。对警察院校学生创新能力的培养，“应主要包括警务创新意识、警务创新思维、警务创新知识、警务创新能力与警察创新人格”。[②] 围绕公安管理工作，在全校积极营造创新的氛围，搭建创新平台和团队，组织开展各类创新比赛活动和作品展示，通过耳濡目染增强创新意识；最重要的是开展通识教育，增强学生的人文素养、科学素养和艺术素养等，帮助学生突破“思维标准化和知识无活力化两个障碍”。[③]

① 王燕：《积极心理学视角下警察压力化解及其心理调适能力的发展研究》，载《江苏警官学院学报》2011年第6期。

② 楼一帆：《谈警察院校学生创新能力的培养》，载《公安教育》2008年第5期。

③ 岳晓东：《大学生创新能力培养之我见》，载《高等教育研究》2014年第1期。

二、公安管理专业人才能力培养存在的问题

在走访基层公安机关、国内警察院校调研交流、在校生以及毕业生座谈的基础上，笔者发现在公安管理专业人才培养的过程中，普遍存在能力培养与教学、与实战、与意识脱节等问题。

（一）能力培养与教学脱节

课程教学是能力培养的重要途径。不过，在现实中，能力培养与教学脱节的问题比较突出，主要表现在：第一，理论性课程设置多、学时多。通过分析各个公安院校公安管理专业人才培养方案，发现专业理论课程开设较多。如大多设置管理学原理、管理思想史、政治学概论等课程，并且主要以理论讲授为主，结合实际应用的教学计划安排并不多，造成学生疲于应付。第二，课程教学内容更新不及时。作为公安类高等院校，应该回归公安本位，紧贴公安工作实战要求和警务改革发展突出公安专业办学特点。但在实际教学过程中，教学内容更新跟不上社会发展步伐，课堂缺乏现代警务机制和警务改革理念的传播，与公安管理实际工作存在脱节问题。第三，教学方式不灵活。目前，公安管理专业课程教学方式大多仍采用“讲台上老师讲，下面学生听”，师生之间只是存在简单的“听讲”关系，不仅使老师容易产生职业倦怠感，而且也容易导致学生对讲授内容不感兴趣，最终结果是人才能力培养不到位、不全面。

（二）能力培养与实战脱节

基层公安机关是培养能力的熔炉，一线实战是锻炼能力的重要平台。当前，公安管理专业学生在能力培养上普遍存在与实战脱节的问题，主要表现在：第一，专业师资储备不足。优质教师资源是人才能力培养的保障，而大多数公安院校公安管理专业老师非公安专业背景占比较高，制约公安队伍后备人才专业化发展。虽强制规定教师在晋升职称时，必须具备基层挂职锻炼半年的经历，但往往流于形式或走过场。第二，学生公安机关实习见习不深入。政法公安机关见习和岗位专业能力实习，是公安管理专业人才培养方案安排的主要实践教学环节。但在实际走访过程中发现，实习见习期间存在不深入、不对口、不参与实际工作等问题，学生难以学习和掌握实战技巧，与能力培养方向相去甚远。第三，学校实战能力培养的氛围不浓厚。一些公安院校脱离公安本位人才培养办学目标，非公安专业设置甚至比公安专业还要多，实战训练场地或实验室建设滞后，实战训练装备落伍，缺乏严格的警务化管理，不利于学生综合实战应用能力的提升。

（三）能力培养与意识脱节

意识引导能力培养，是能力培养的引擎。但在实际培养过程中，无论是学

生、老师，还是学校，都普遍缺乏能力培养的主动意识。主要表现在：第一，学生锻炼能力的主观能动性不够。主动学习能力不强，课堂内独立思考少；课堂外主动学习少；缺乏学习计划和能力培养规划，报名参加各类比赛活动不主动、不积极，盲目跟风现象普遍存在。第二，教师主动适应公安管理改革的意识不强。公安管理工作问题层出不穷，这就需要教师加强公安管理相关理论与实践的研究，这将有利于公安工作整体水平的提升。但目前，教师课题研究普遍偏离公安管理工作方向，同时现代教育理念和教学方法的更新也不积极、不及时。第三，学校主动打造公安智库的力度不够。校局互动缺少制度保障、缺乏科研激励机制，教师都是单兵作战、游兵散勇，跨学科交叉研究缺少平台等，这些问题严重制约着学校科研水平的提升和服务经济社会发展的实力，更别提推动公安工作科学发展了。

三、公安管理专业人才能力培养策略

人才培养是一项复杂的系统工程，公安管理专业人才培养既要遵循基本的人才培养模式，还应该坚持公安属性人才培养规律，并不断进行创新。同时，要将个体能力培养和社会发展以及公安实战全面结合起来，只有这样才能培养出适合经济社会发展需求的高素质应用型人才。

（一）创新人才培养模式

1. 明确人才培养目标

区别于公安专门业务人才的培养目标，应该侧重公安管理专业人才内部管理能力的培养，“公安管理专业的人才培养方向应以培养应用型公安管理人才为主，同时也能适应其他行政管理和企业管理的复合型人才”。①

2. 树立能力培养导向

公安管理专业课程体系建设围绕综合应用能力培养，构建并细化能力培养标准，将能力培养融入教学科研的全过程；同时增强学生主动学习的意识，努力营造能力培养的良好氛围，创造条件保障能力培养所需的设施、设备、器材等。

3. 学生参与课程考核

创新课程考核方式，增加学生课程考核的比重，积极倡导学生对课程考核的自主性和参与性，不仅有利于提高学生的学习热情和创新精神，也有利于促进教师改进教学方式方法，从而改善课堂教学效果。

---

① 李侠：《公安管理专业人才培养模式探析》，载《公安教育》2014 年第 4 期。

（二）及时更新课程内容

1. 积极实施通识教育

通识教育是素质教育最有效的实现方式，通过提供多样化的选择，有利于不同知识的融会贯通，有利于培养出完全、完整的人。而目前，一般能力的培养，更能够增强学生的社会竞争力，更快适应工作岗位的变化。

2. 增加日常事务管理课程

围绕应用型公安管理人才培养目标，同时考虑其他企事业单位的岗位要求，积极开设公安机关队伍建设、机关事务管理、人力资源管理、财务管理、警用装备器材管理等课程，同时开发并实施行政执法能力训练的课程与实践教学科目。

3. 开展心理行为训练

心理调适能力事关个人身心健康，科学的心理调试方法的作用不可低估。帮助学生树立自信，增强自我认同，认清自我价值，充分了解自己的优缺点；鼓励学生培养高雅的兴趣爱好，这对心理和行为具有重要的调节功能。

（三）创新教学方式方法

1. 加强警务实战模拟教学

紧跟公安教育训练改革步伐，紧密结合公安工作发展形势，“通过情景教学、实验实训、模拟实战、专业实习、岗位体验、创新创业等方式，构建‘教、学、练、战’一体化教学模式”,① 提高学生的警务实战能力，不断提升其危机处置能力。

2. 综合应用现代教学方法

现代教育理念的更新，为创新教学方式方法提供了理论基础，提高人才培养质量仍是其落脚点和出发点。“突破‘教师中心、教材中心、教堂中心’的局面，综合运用案例教学法、活动教学法、讨论教学法、游戏教学法等教学方法。”②

3. 教学要理论联系实际

公安管理专业是一门源于实践又服务于实践的学科，坚持理论教学与实践认知相结合，课程设置突出实践性，做到从实践中来到实践中去，这就离不开公安工作实际。在科学理论的指导下，也有助于学生尽快掌握处理相应问题的技能和方法。

---

① 张光华：《回归公安本位　服务公安实战　走职业化应用型发展道路》，载《公安教育》2014 年第 9 期。

② 岳晓东：《大学生创新能力培养之我见》，载《高等教育研究》2014 年第 1 期。

（四）加大师资建设力度

1. 鼓励教师专业化发展

科学制订专任教师成长计划、培训计划和学历提升计划，创造条件并鼓励教师参加专业相关的学术会议，开阔视野、学习先进经验，做到紧跟专业发展前沿趋势；同时做好公安专业人才的引进工作，为人才能力培养提供新鲜血液。

2. 增强基层挂职锻炼实效

建立规章制度，规范实践锻炼，鼓励教师紧紧围绕公安工作及队伍建设面临的重大理论和实践课题，深入基层一线，认真开展调查研究，总结经验教训做法，形成规律性认识，推动公安事业长远发展。

3. 打造人才培养共同体

围绕公安管理人才能力培养目标，整合校内外资源，加强科研团队建设和科研合作，积极搭建服务公安工作和地方经济社会发展的警务交流平台和专家资源平台，充分发挥各种资源在人才培养方面的优势。

（五）搭建校局互动平台

1. 加强实训基地建设

与实战单位和业务部门共建校外实践教学基地，为教师了解实战、研讨实战、教学调研提供广阔空间。① 切实围绕能力培养计划，以专业公安管理工作为主要实践教学内容，并根据实习实训效果，加强基地的动态调整。

2. 落实双向交流制度

定期选派教师赴公安实战部门挂职锻炼，同时聘请富有经验的公安一线教官参与公安管理专业人才培养方案的修订、教学及管理工作，打造既有深厚理论功底，又有丰富实战经验的教学团队。

3. 积极开展协同创新

利用人才资源优势，建立以服务公安实战为导向的科研激励机制，积极拓展与公安机关的合作研究领域，促进优质科研资源的有效配置和各种创新要素的有机集合，开展协同攻关，在某个研究方向或领域形成集成优势。

---

① 陈真：《科学构建校局互动平台强力推进校局互促共赢》，载《公安教育》2014年第2期。

第十一部分

公安管理学本科专业课程体系构建研究

王慧婷

伴随着现代科学的飞速发展，新的学科分支不断出现，学科之间的相互渗透成为现代科学发展的重要特点，也产生了很多新兴学科和交叉学科。公安管理学就是运用现代管理科学的理论和方法，系统研究公安机关的组织管理和队伍建设规律的一门新兴的综合性、交叉性应用学科。① 1984 年，公安管理学专业首先在中国人民公安大学设立，开创了公安管理学学科三十多年的发展历程，并在此过程中取得了一系列的进步。在学术成果方面，发表了包含专著、教材以及相关学术论文等大量论著，各类学术交流研讨活动也日益频繁和广泛；公安管理专业高等教育规模的发展方面，自 2011 年公安学成为隶属于法学门类下的一级学科以来，公安管理学专业的发展也迎来了新的机遇，公安管理科学和侦查学、治安学等公安类专业一起，被普遍认定为公安学下的二级学科。据不完全统计，中国人民公安大学、南京森林警察学院、铁道警察学院、江苏警官学院、四川警察学院、北京警察学院 6 所公安院校都已经设立了公安管理学专业，另有一些公安院校在专业培养方向上设置了公安管理方向的专业。与此同时，公安管理学专业已形成包含本科、硕士、博士三个层级学位教育以及博士后研究的教育体系。公安管理学也成为各级公安机关在教育培训中广泛设置的一门课程。然而，在取得这一系列可喜进步的同时，我们仍应清楚地意识到，在目前公安管理专业人才培养的过程中，仍存在很多不容忽视的问题。这些问题制约了人才培养质量的进一步提升，如公安管理学专业学生虽然所学知识面广，但不够深入，应对未来工作所需的专业技能不强。很多学生也反映，与其他公安学类本科专业毕业生相比，公安管理学专业开设的课程虽然

---

① 张兆端、郑友军著：《公安管理学》，中国人民公安大学出版社 2014 年版。

很多，但是学生不知道学了之后能做什么，对今后的出路感到较为困惑。究其原因，其中一个重要因素就是，公安管理学所具有的综合性和交叉性的特点，很多情况下也导致了在课程设置过程中出现专业特征不强，各门课程间缺乏科学的衔接和补充，没有形成有效的整合机制等问题。如此一来，在我国现有的公安管理学专业高等教育过程中，如何合理安排课程设置是十分必要的。本文尝试以公安管理学体系为基础，探讨公安管理学体系的知识构架，并在此基础上提出了公安管理专业课程体系的构建，以期达到在人才培养中强化学科基础教育，增强学生的行业适应能力和就业竞争力，促进学生个性化发展的效果。

一、公安管理学的性质和体系结构

（一）公安管理学的性质和研究范畴

公安管理学虽然已经成为一门独立的学科，但与那些成熟的学科相比，仍是一门属于发展阶段的新兴学科。从学科建设与分工边界的角度来看，对公安管理学的学科性质、研究范畴和边界并没有形成定论，导致公安管理学研究范围宽泛，缺乏形成共识的总体框架和中心议题，反映在公安管理学学科的教学组织中。由于形成共识的总体框架的缺失，使得课程设计缺乏严谨的逻辑性，各门课程之间没有从整体上进行更好的整合，课程体系变成相关学科知识和课程的简单拼凑组合，最终导致公安管理学专业在人才培养上出现了知识面广度虽有但不够精深，本专业特色和专业技能不够明显的问题。由此可见，明晰公安管理学的学科性质和研究范畴对公安管理学专业课程体系的建立，对公安管理学专业人才的培养都是十分重要的。

公安管理学从学科性质上来看，属于一门交叉学科，主要是由公安学和管理学两个学科门类相互交叉，有机结合而产生的。在体现出公安学和管理学共同规律的同时，公安管理学也凸显了其自身特点。一方面，公安管理学在发展历程中的很长一段时期，都是作为管理学门类中行政管理学的二级学科而存在的，作为国家机关有机组成部分的公安机关，其管理活动及规律是公安管理学研究的对象，而这其中突出体现了管理学特别是行政管理学的特点；然而公安机关所具有的司法和武装的特性，也使得公安管理学具有不同于一般行政管理学的不同特性。另一方面，自 2011 年经过国务院学位委员会会同教育部修订了《学位授予和人才培养学科目录》，将其中的公安学作为法学门类下的一级学科加以建设，公安管理学作为公安学一级学科下的二级学科得到认同；与其他二级学科相比，公安管理学又突出体现了其运用管理学理论和方法，解决公安学相关问题的特点。诚然，随着社会的进一步发展，公安机关的管理活动日趋复杂，肩负着提供理论指导任务的公安管理学也面临着日益提升的新要求，为应对这种变化，公安管理学在研究的过程中也需要综合运用政治学、社会学、心理学、经济学等学科的视角和方法。公安管理学研究范畴的扩张与分散，在很大程度上是由于研究视角上多学科的交叉所带来的影响。

但从其学科性质出发，我们仍可对公安管理学的研究范畴加以界定，从既有的研究成果来看，研究者针对于公安管理学研究范畴的界定，很大程度上反映在公安管理学的教材体系之中。如2005年杨建和、张光主编的《公安管理学》包含了四部分：一是公安管理的总论，二是公安管理的职能，三是公安管理的实务，四是公安管理方法与公安改革。2007年魏永忠等主编的新一代的公安管理学教材，即《新编公安管理学》在体例结构上将公安管理学划分为总论和分论两个部分，总论阐述公安管理的基本理论，分论重在详解公安管理的具体实践活动及一般规律，同时分论又按照公安管理所实行的领域的不同，分成“公安机关内部管理”以及“公安机关外部管理”。2009年郭宝主编的《公安管理学》则分成上篇、下篇两个部分。上篇主要内容为公安管理的基本理论，以及基本理论在公安管理工作中的运用，下篇主要内容为公安管理实务。2014年张兆端、郑友军主编的《公安管理学》则从公安管理学基础理论研究、公安管理的职能与过程研究、公安管理的方法与技术研究三方面加以论述。此外，另有一些学者也对公安管理学的研究范畴进行了梳理，如苏娜总结的公安管理学的研究范畴包括：公安管理主体研究、公安机关管理运行研究、公安管理业务工作研究、公安管理相关制度研究、公安管理财务、公安管理技术方法研究。①

综合以上研究者的既有成果，笔者认为，公安管理学作为综合运用多种学科知识研究公安管理现象及其规律的交叉学科，其研究范畴应包括以下几部分：公安管理学基础理论研究、公安管理运行研究、公安管理方法与技术研究、公安管理实务研究。而这其中，从系统内外部的关系角度来看，鉴于公安机关所进行的治安管理、刑事犯罪侦查管理，国内安全保卫等活动属于公安管理学针对其系统外部的社会管理行为，且有治安学、侦查学等其他公安学下的二级学科对相关问题进行研究，所以在公安管理实务研究中应主要以公安机关内部的警务保障管理、人力资源管理、日常事务管理等为主。

（二）公安管理学的体系结构

从公安管理学的学科性质和研究范畴出发，公安管理学的体系结构应该包括以下四个部分：第一，公安管理学基础理论。主要包括公安管理学的基本概

① 苏娜：《公安管理学的学科设置及学科定位》，载《云南警官学院学报》2014年第6期。

念、基本性质、研究对象、研究方法和内容等。第二，公安管理运行。主要包括公安决策、公安控制与监督、公安组织与管理体制等。第三，公安管理方法与技术。此处突出体现公安管理学对其他学科知识的吸取和应用，主要包括目标管理法、激励管理法、人力资源测评技术、信息技术等。第四，公安管理实务。主要包括警务保障管理、人力资源管理、公安公共关系管理、日常事务管理等。

二、公安管理学体系的知识构架

从公安管理学专业本科层次人才的培养目标来看，本专业培养的是能够系统地掌握公安管理学专业必需的基础理论、基本知识和基本技能，具备开展工作所需职业核心能力和一定研究能力的复合型专门人才。因此，所培养人才应具备的分析和解决问题的能力，是以公安管理学理论知识和公安管理专业技能作为前提的，需要有相应的知识结构作为支撑。此种知识结构是建立在“公安管理学相关学科通识知识”的根基之上的，以公安管理学基本学科知识为基础，以公安管理实务为目标，把相关的公安管理学内容进行有机排列和整合，按照反映认识公安管理学的内在规律和相互关系，而形成了公安管理学专业的结构体系。

由于公安管理学是一门需综合运用多学科知识的交叉学科，所以公安管理学专业的本科教育也要求进行通才教育。在本科学习阶段，应使学生具备从事本专业工作所必备的基本素质和能力。从理论到实践必须有机地联系在一起，使公安管理学专业知识根植于“公安管理学相关学科通识”知识层面，并把第一层的“公安管理学基础理论”知识作为公安管理学专业共同的学科基础知识平台，把实施公安管理中，管理运行的一般过程和具有普遍适用性的公安管理方法与技术作为第二层次的“专业通识理论”知识，再在第三个层次“公安管理实务”知识上，按照不同的专业方向分支，给出专业知识应用的不同侧重点的“公安管理实务”知识，进而从整体上共同构建起公安管理学专业知识结构体系模型，如下图所示。

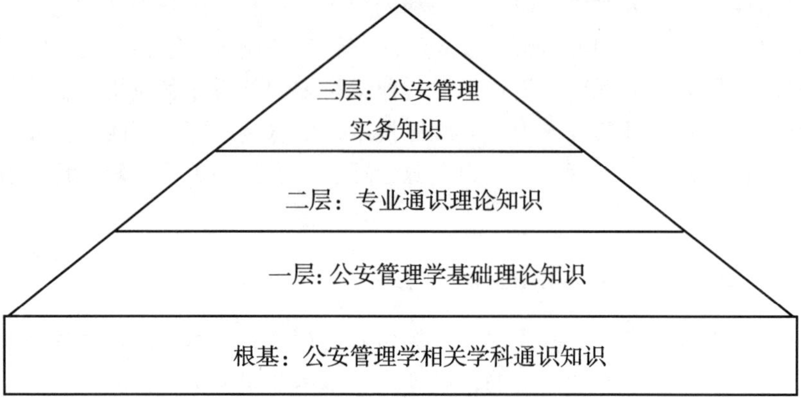

公安管理学体系知识结构模型

三、公安管理学的专业课程体系

根据公安管理学体系知识结构模型，要以公安管理学基础理论知识为内涵，以公安管理实务知识为外延，来设置公安管理学本科专业的课程。在公安管理学本科专业人才培养的过程中，本着加强基础、淡化专业的原则，强化学科基础教育，培养多学科交叉的宽口径人才。同时，着重培养学生应用能力，以达到增强学生的行业适应能力和就业竞争力的目的。

从课程体系构建上来看，在根基层次即“公安管理学相关学科通识知识”层次上，开设与公安管理学专业知识相关的其他学科的课程，为学生进一步学习相关知识打下宽广而坚实的基础。在第一个层次即“公安管理学基础理论知识”层次上，开设学科基础理论相关的课程，使学生掌握本专业必备的理论知识。第二个层次“专业通识理论知识”所开设的课程是实施公安管理中，管理运行的一般过程和具有普遍适用性的公安管理方法与技术，此层次位于第一层次与第三层次之间，在理论转化为实际应用能力的过渡过程中起到承接的作用。第三层次“公安管理实务知识”所设置的课程，是根据所培养人才应用领域的不同，设置不同知识侧重点的专业方向课程。由此，从纵向上形成了四个层次，横向上形成了三个专业方向的公安管理学本科专业课程体系，以达到在人才培养过程中加强学科知识基础，提高专业能力的作用，如下表所示。

公安管理专业课程设置

开设课程 / 专业方向	公安管理	公安文秘	警务保障
相关学科通识课程	刑法学、刑事诉讼法学、行政法与行政诉讼法学、武器使用、警察战术、防卫与控制、刑事侦查学、治安管理学、刑事科学技术等		
基础理论课程	公安管理学、管理学原理、世界警察概论、研究方法论、警察政治学、公安学基础理论等		
专业通识课程	公安决策学、警察组织行为学、警察公共关系学、公安信息系统等		
专业方向课程	公安指挥学、公安领导学、公安政工学等	公安秘书学、公文写作、公安调查研究等	警务保障学、公安财务管理、公安装备管理、公安资产管理等

第一，在“相关学科通识课程”层次，公安管理学是一门涉及范围广泛的综合科学，这就要求公安管理本科专业的学生应具有深厚而广泛的知识基础，只有这样才能够更好地学习和应用本专业学科的知识。而在本科层次的人才培养上，不仅要求学生具备一定的分析研究能力，还要求学生具有一定的实践应用能力。所以此层次所设置的刑法学、刑事诉讼法学、武器使用、警察战术、刑事侦查学、治安管理学等课程，旨在为学生今后的学习和工作打好“地基”，培养起坚实的法律基础、警体技能基础、公安工作基础。此外，公安类本科专业人才的培养目标和培养规格主要是面向公安机关和相关行业，其今后就业也主要面向公安机关，所以刑事侦查学、治安管理学、刑事科学技术等课程虽然不是公安管理学主要涉及的范畴，但作为公安类本科专业的学生也应对相关方面的知识具备一定程度的了解。

第二，在“基础理论课程”层次，作为公安学历教育的重要一环，公安管理学本科教育在培养向公安机关输送的人才的过程中，着重培养人才独立获取知识的能力和科学的思维能力，使其具有行业特性的思想和业务知识基础，在警察纪律作风的教育养成方面，也表现出职业培训所无法替代的作用。所以，此层次所开设的课程将在学生研究和应用能力的理论基础知识的形成上起到了重要的作用。这样有助于使学生真正把握公安管理学内涵之所在，也是公安学历教育所起到的不同于职业教育的优势重要表现。

第三，在“专业通识课程”层次和“专业方向课程”层次，公安管理学专业培养的学生，应是利用公安管理学知识去解决公安管理学问题的专门人才，不仅应该“涉猎广泛”，更应该“学有专长”，不仅要求学生有深厚的理论知识，更要求学生有将理论知识转化为实际能力，来解决现实中的问题。所以，在这两个层次所设置的课程意图实现公安管理理论知识向解决实际问题能力转化，并在专业方向上根据知识侧重点的不同设置相关课程，以培养学生的就业竞争力和行业适应力。但一个不容忽视的问题是，在理论知识向实际能力的转化过程中，仅仅依靠课堂教学一个环节是远远不够的，还应加强实践教学建设，提高实训力量，实现“教、学、练、战”一体化，以达到学生实际能力的形成和提高。

公安管理学是一门仍在不断发展、不断走向成熟的学科，相应的，对本门学科的理论研究和实践也处于不断的摸索和前进之中。本文尝试从公安管理学的体系结构出发，探讨公安管理学体系的知识构架，并在此基础上提出了公安管理专业课程体系，通过课程设置的有序组合、层层深入，以期达到强化学科基础教育、增强学生的行业适应能力和就业竞争力的效果。解决学生在公安管理学专业人才培养过程中出现的虽然所学知识涉猎广泛，但应对未来工作所需的专业技能不强，对今后的出路感到较为困惑的问题。

笔者对此问题进行了初步的思考和尝试，期待能抛砖引玉，引起广大研究者对此问题的思索。在下一步研究方向上，希望通过对公安管理学专业人才需求问题，加强和创新公安管理学实践实训教学问题等的研究，以此进一步充实和完善公安管理学本科专业的课程体系建设，提升公安管理学本科专业的人才培养质量，真正培养起符合岗位需要的应用型专业人才。同时，我们也期待着未来《公安学类专业本科教学质量国家标准》制定完毕和推行，能为公安管理学专业的建设和发展指明方向，更好地促进公安管理学学科建设和专业发展。

第十二部分

以能力为导向的公安管理学专业实践教学模式研究

刘 青

公安管理学专业培养的是具有实践能力和创新精神，能够适应公安工作需要的专门管理人才。建立完善以能力为导向的公安管理学专业实践教学模式，就是针对公安管理学专业的这一培养要求，在公安管理学专业教学计划中，分别设计出专门实践教学体系，在教学过程中，除了注重传统的理论课程的教学外，还要将实践教学活动融入日常的教学中。专业教学运行上突破课内与课外、学期与假期、学校和实战单位的界限，灵活调整课时，科学合理地安排实践实训活动。这是适应时代要求和提高教学质量的迫切需要，符合《教育部关于进一步深化本科教学改革全面提高教学质量的若干意见》中关于实践教学标准的要求，同时也是公安管理学专业人才培养的要求。让学生“亦学亦警”，在模拟的或现实的警务实战环境中学习，具有体系化的分析和解决问题的能力，成为“能力强、感悟透、上手快”的公安应用型人才。

一、公安管理学专业实践教学模式研究的必要性

实践教学是一种以培养学生综合应用能力为主要目标的教学方式，是高校教育教学中的一个重要环节。它通过有计划地组织学生，运用观察、实验、操作、实习等教学手段，巩固和深化与专业培养目标相关的理论知识，促进理论与实践的有机结合，提高学生发现问题、研究问题和解决问题的能力。[①] 公安管理学专业培养的是具有较高的政治业务素质，具备警察核心能力、管理的专

---

① 林茂：《谈公安法学教育的改革模式》，载《天津职业院校联合学报》2008 年第 3 期。

业能力，能够适应公安管理工作需要的复合型、应用型专门人才。针对这一目标，公安管理专业的实践教学，就是要在理论教学之外，以能力培养为导向，通过真实的或者模拟的公安工作环境培养学生相关的公安管理职业能力。公安管理学专业实践教学模式研究的紧迫性主要表现在以下几个方面。

（一）适应公安高等教育改革的需要

《国家中长期教育改革和发展规划纲要（2010—2020 年）》明确提出，“我国高等教育应坚持能力为重的培养模式。优化知识结构，丰富社会实践，强化能力培养。着力提高学生的学习能力、实践能力、创新能力”。实践能力的培养是高等教育的重要内容，实践教学是高等教育不可或缺的环节。

公安教育非一般意义上的职业教育，属于特殊职业教育，公安高等教育的根本目标是培养新时期公安工作需要的应用型公安专门人才。公安教育从本质上看，实为公安机关培养合格的警察后备人才，属于一种特殊的职业教育。公安学是研究警察依法维护国家安全和社会治安规律的科学，公安学科内容的教学具有应用性、技能性、实践性强的特点，特别强调把理论知识、基本技能转化为实践的工作能力。根据公安教育的特点，在培养目标的价值取向上，应把具备操作技能和实用型人才作为主要培养目标，而不是精通基本的公安理论知识的研究型人才。

（二）适应公安管理学专业人才能力培养的需要

公安管理学专业培养的是能在公安机关综合管理、政治工作、法制工作、后勤保障等部门从事专门的管理、法制工作和警务指挥工作的专业人才。公安管理学专业人才不仅需要具备能够运用公安管理学专业知识分析和处理公安工作和队伍建设的实际问题的能力，还应当具备从事公安机关管理工作的能力，主要包括相关警务指挥参谋能力、公安队伍建设能力以及公安综合文秘能力等相关专业能力。由于公安院校的特殊性，大多数公安院校培养出的学生毕业后基本就业于公安部门，公安工作的特殊性又要求学生毕业后能够迅速进入工作角色，了解公安实践工作。大量专业能力的培养，需要学生在学校中完成，因此，作为公安管理学专业的教师除了进行专业学科知识理论的教学，还需要指导学生将所学的知识运用到具体的工作岗位中去。

以能力为导向的公安管理学专业实践教学模式，就是通过实践教学指导学生能够将以往所学到的理论知识运用到具体岗位工作中去，一方面巩固了理论知识，学会运用理论知识解决实际公安问题；另一方面，在实践教学中由学生进行自主实训或岗位实习，能够亲自发现问题、思考问题并解决问题，在实践教学中能够让学生切身了解和感受公安部门各岗位的工作内容和职业能力的需求，促使学生有针对性地学习专业知识，积累更多的社会知识、工作技能，提升学生的公安职业能力。

（三）提升公安管理学专业实践教学能力水平的需要

目前的公安管理学专业实践教学已经得到了相关教学部门的重视，各公安院校也开始结合自身的特点，制订相关的教学方案，但是实际中公安管理学专业的实践教学仍然存在着一些问题。

一是实践教学理论缺乏研究成果。受传统学历教育模式和教学观念的影响，我国公安院校的管理学教育重理论轻实践，实践教学的理论研究非常薄弱。目前，对公安管理学专业人才培养需要开展哪些实践形式才能达到实践教学的目的，通过怎样的课程体系去实现实践教学的目标，以什么标准评价这些实践教学成果等，都缺乏科学、系统的研究。

二是实践教学过程缺乏规范性。目前，公安院校大部分专业课教师都是从学校到学校，缺少公安实战经验，所以沿用传统讲授式的教学方式很多，教学环节与实践环节存在脱节的现象。实践教学在全部教学环节中只占很少的比例，而且实践教学内容是零散的，学习方式是自愿的，教学效果评价也缺乏统一的标准。

二、公安管理学专业实践教学的主要方式

（一）课堂实践教学

课堂实践教学，就是改变传统的教师传授式的教学法，运用案例教学法、项目教学法等，引导学生运用所学到的理论知识分析专业案例或是完成一个模拟项目的教学方式。课堂实践教学与理论教学需要穿插进行，课堂实践教学在公安管理专业教学中使用的频率较高，效果也不错。教师可以在课堂上借助现实公安机关公安管理中的真实案例，引导学生运用课堂上学到的理论知识进行分析和解决，或是设定一个模拟项目，让学生分小组完成。改变传统的传授式的教学方法，教师采用启发式、互动式的教学方式，引导学生参与到课堂教学活动中，研究案例、探讨问题、开展课堂讨论，启发学生思考，有利于增强学生的公安管理能力。

从学校层面上来讲，尽量安排小班上课，改进相关的教学设备，保证教师进行课堂实践教学的物质条件。从教师层面上来讲，要充分发挥地方公安院校与实战单位联系紧密的优势，理论联系实际地做好课内实践教学的各项准备工作，根据公安管理学专业的培养计划以及相关课程的培养目标，设计符合学生实际需要的、可行的案例教学方案和项目活动方案，加强教师对课堂的掌控能力，增强课内实践教学的吸引力，提高学生学习的积极性。从学生层面上来讲，应当课前根据老师的要求做好准备，调查结果显示，学生是很乐意参与这

种教学互动的，但在实际教学过程中，学生的配合与互动又显得力不从心，案例讨论时往往鸦雀无声，或者因思考和准备不足而在讨论时你一言我一语，发表的观点没有主题或者与理论联系不够紧密，等等。尤其课堂时间和资源是有限的，某些项目的完成需要学生在课下完成大量的准备工作。因此，学生应当养成良好的学习习惯，课前进行准备、课上勤于思考，积极参与到课堂实践教学的互动中。

（二）校内模拟实训

校内模拟实训教学是指在教师的指导下，比照公安管理实践真实案件中的真实情境，让学生对模拟布置的案件或工作进行处置的教学活动。模拟实训活动具有可控性、仿真性、重复性、自主性和易普及性，能较好地培养学生的专业能力和社会能力，并能使所有学生受益，因此，在进行综合实训课程时，应以模拟实训为主结合相关的实验课程大纲和指导书来构建实训课程。① 公安管理学专业偏重管理类，因此校内实训基地的建设应该面向公安管理岗位的特征，在校内建立涵盖公安管理职能需求的实训项目，如派出所内勤室、指挥室、公安机关档案机要室、政工办公室、装备、警察公共关系训练室等专业化的实战模拟场所。在实训中不仅要注重公安业务知识的传授、技能的培养，还要注意职业素质教育，培养公安行业意识，提高学生的职业忠诚度。

（三）校外实践活动

校外实践活动，主要是学校在假期或者有重大安保任务时，组织学生真正参与到公安实际工作中，公安院校特有的校外实践教学优势主要是强调警学结合。目前，公安院校的校外实践互动主要有体验实习和重大活动安保两种。

公安院校的体验实习是人才培养中的重要一环，实习教学包括假期实习和毕业实习两个部分。通过实习，既能够将已经学到的公安基础知识和专业知识等理论运用到实践中去进行验证，又能够在实习过程中发现问题。假期实习主要是安排在暑假、寒假期间，是学生了解公安工作岗位、掌握公安业务流程、增强职业意识、提高综合实践能力的重要环节。② 毕业实习主要安排在大四阶段，这一时期学生对于专业知识的学习已经基本完成，在大学毕业之前，先进入到相关岗位，将自己所学习到的理论应用于实践中，与实际的公安管理工作进行对照。目前实习中存在的问题主要是，实习时任务不够明确，学生实习流

---

① 毕惜茜：《侦查专业实训教学探索》，载《中国人民公安大学学报（自然科学版）》2009 年第 3 期。

② 杨辉解、蔡炎斌：《论公安招录培养体制改革下公安专业实践教学体系的构建》，载《公安教育》2011 年第 3 期。

于形式的现象较为普遍，甚至某些学生的实习被作为一线支援警力的一部分，使学生在实习过程中没能真正接触到与专业有关的岗位。因此，应加强教学实践主管部门进行实习前的规划，与实习单位对于学生的实习岗位以及工作内容进行沟通，使学生能够针对公安管理专业能力要求进行有计划、有目的的实习；实习过程中加强管理，选派学生实习指导教师，在实习过程中及时与学生进行沟通，解决学生实习中遇到的困难和问题；实习后组织总结研讨，总结实习中的主要成果和认识到的问题，在日后的学习中增强对公安工作的全面认识。例如，我院公安管理学专业已经与相关单位联合建立了校外实训基地，在大一的暑假，派学生在相关单位进行实习锻炼，专业教师陪同指导，由实习单位指派民警指导学生在警务指挥室等与专业相关的岗位进行实习锻炼。

另外，公安管理学专业培养的是复合型的警务管理人才，因此需要学生对各个岗位有基本的认识和了解，提倡学生在公安机关各岗位上进行轮岗学习，增强对公安工作的全面认识。参加重大活动勤务安保是实战实训的另一种形式，重大活动勤务中，学校组织学生真正地参与一些公安工作，同时有机会接触各个警种，了解除公安管理岗位外的其他岗位。如我校在 2008 年组织学生参与奥运会安保工作，2014 年组织学生参加 APEC 安保工作以及春运和两会安保等。组织学生参与这些公安实战工作，一方面能够有效缓解公安机关的警力不足，另一方面能够让学生在实战中切身体会公安工作，学以致用并发现问题，返校后继续有针对性地学习。实践证明，备勤实战有利于教学与实战的融合，能够极大地增强学生的职业认同感和忠诚度，提高学生学习的主动性和积极性。参加这些大型活动的有各国家领导人、部级领导、各界重要嘉宾，可见安保规格之高、要求之严和难度之大。公安院校学生作为辅助警力，参加大型安保活动，既能够协助当地公安机关维护盛会的安全，确保开闭幕式和各项赛事或者活动的顺利进行，又让学生开了眼界、长了见识，还培养了他们分析问题、解决问题和判断复杂情况的能力，增强了他们的责任感和使命感，培养了他们作为警察的职业荣誉感，直接锻炼了学生的业务技能，提高了学生的实际工作能力。

三、“双师型”教师队伍建设

为了顺利开展实践性教学活动，需要建设一支既有教学能力和科研能力，能够研究公安的专业业务知识和理论，又要有一定的专业实践能力和创新能力，懂公安实际工作的教师队伍，即所谓“双师型”教师队伍建设。“双师型”教师概念的提出，是在以往公安教育中重理论、轻实践，重知识传授、轻能力培养的情况下，为了强调实践性教学环节的重要性，促使理论教学和实践教学有机结合，适应以能力培养为导向的实践教学理念提出来的。[①] 教育的关键在教师，教师在实践教学中发挥着关键作用，要培养出适应公安管理工作的复合型、应用型人才，首先需要教师具有较强的专业实践能力和丰富的实际工作经验。公安院校的“双师型”教师应当具备相应的警务实战技能，拥有基层工作的经验或者心理、法律等相关方面的专业资质。例如，警务指挥学的任课教师应当有实战单位警务指挥的工作经验，在现实中对警力的部署以及协同作战等有实际的应用后才能指导学生有针对性地开展模拟实训等相关的实践教学工作。

培养一支适应实践教学工作的“双师型”教师队伍首先需要学校和教师个人双方面的努力。不仅需要组织的培养，为教师提供学习和一线工作或锻炼的平台，同时还需要教师自己加倍的努力，不仅要进行理论知识的学习，更要注重专业技能的培养。其次，开展相应的警察实务的培训，“双师型”教师的成长，需要就实践中出现的问题进行学习和探索，相关的技术培训和实战锻炼尤为重要。再次，应当拓宽教师的来源渠道，目前我国的公安管理学专业教育的教师来源比较单一，实践能力相对不足。可以通过相关的程序，从公安一线实战部门选拔一批业务精良、理论水平过硬的人员来校任教。此外，可以采取各种形式聘请公安管理实战单位中具有较高理论水平和丰富实践经验的在职民警来校担任兼职教官。这是公安院校改进师资结构，提升教学质量和适应学生职业能力培养的一种有效方法，不仅可以使公安管理专业的教学从教学主体到教学过程都注入新鲜血液，而且对一线民警的理论水平的提高也有较大帮助，实现真正的“双赢”。最后，建立一种长效机制，明确规定新任教师必须具备公安管理岗位实践工作经验，并且规定每三至五年内，相关教师应到对口业务部门调研学习一年，使教师能够第一时间改进教学内容，适应公安工作的新要求。

---

① 董晓巍：《对公安院校“双师型”师资队伍建设的思考》，载《辽宁公安司法管理干部学院学报》2011 年第 4 期。

第十三部分

公安人才培养模式改进途径研究

刘忠轶

高素质创新型公安人才的培养对维护社会的和谐稳定，推动社会的长远发展起着至关重要的作用。基于当前国家提出的各大公安院校培养和造就政治业务素质高、实战能力强的应用型、复合型专门人才的现实，对公安人才培养模式改进途径研究将具有理论和实践的深层意义。

一、公安人才培养模式相关概念

人才培养模式是人才培养素质高低的保障。人才培养模式涉及教育观念、培养目标、培养方式、培养途径等多方面问题，除此之外还涉及专业设置、课程设计、师资队伍、教学管理和质量控制等多个环节。综合来看，人才培养模式观点涵盖了结构论、过程论和结构过程结合论三个方面，而结构过程结合论认为人才培养模式涵盖了结构与过程两个方面的理论。结构过程结合论方面，文汉认为“人才培养模式在满足社会与学生需要的基础上，受到教育思想和教育理论影响，实现规划的培养目标而构建人才培养的结构、策略体系，以及教学活动的组织样式和运作规范”。具体到公安人才培养领域，莫明琪认为“公安院校在一定的教育思想和理念指导下，以人才培养活动为本体，实现培养目标所设计的某种运行方式。简单地理解，就是公安院校根据公安工作的特点，基于公安职业化教育理念，如何通过设置培养目标、设置专业课程、整合师资力量、采取培养渠道、加强质量管理等，培养素质高、作风硬、能力强、技术精，符合社会转型期的复合型公安人才的过程”。

公安人才培养模式在宏观层面涵盖了培养目标和培养过程两个要素，而在微观层面包含了培养目标、专业设置、课程体系、培养途径、师资队伍和评价制度六个方面要素。这些要素也是本文所构建公安人才培养模式研究以及改进策略的出发点。其中，培养目标是公安人才培养的基础，是公安人才培养的导向标，是公安人才培养过程因材施教的依据；专业设置是人才培养模式的重要构成要素，反映公安人才多样化以及满足社会需求的目的；课程体系是公安人才培养的载体，是公安人才培养的基石，是不同专业学生差异化发展的营养源泉；培养途径是实现人才培养的多种方式，包括教学途径与非教学途径等；师资队伍是以教师为主体集专业理论与实践技能于一体的队伍，是公安人才培养的中坚力量；评价制度是客观衡量和科学判断公安人才培养的效果，有效监控培养目标和培养过程，保障人才培养的质量。

公安人才培养理论涉及胜任素质理论和全面发展等理论。胜任素质理论是在素质理论发展的基础上产生的一种人力资源开发与管理实践工具，是为了从事某一职业或担当某个职位的工作，并达成一定的绩效目标须具备的一系列不同素质要素的组合，包括“完成工作所需要的关键知识、技能、个性特征以及对于工作绩效与获得工作成功具有最直接影响的行为方式”。素质模型是一种用来描述履行某项特定工作的关键能力的决策工具，它比工作描述或技能列表更可靠，比内部感受的目标性更强。素质模型通常是作为一种人力资源工具来解决关于人员的甄选、培训与开发、评估与继任计划等多方面的问题。全面发展理论是马克思教育思想的重要组成部分，他认为人的全面发展同教育是密不可分的。社会层面，如果要发挥教育的社会功能，就要重视人自身的发展，如实反映和促进社会的发展；个人层面，教育是培养和造就个人全面发展的重要途径，只有全面实施德、智、体、美、劳教育，才能培养高素质创新型的人才。

公安人才培养模式概念的界定有助于我们更加理性地认识公安人才培养的运营模式，而明晰公安人才培养模式的要素将为提高公安人才培养的质量提供保障，公安人才培养理论则为公安人才培养的实践应用奠定了坚实的基础。本文将在公安人才培养模式相关概念的基础上，具体分析公安院校人才培养模式面临的具体问题，然后合理建议公安人才培养模式的具体改进路径。

二、公安院校人才培养模式存在的问题

目前，我国公安本科院校的人才培养模式主要有三种，高中起点普招本科生培养模式、大学起点普招二学位培养模式和政法干警招录体制改革二学位培养模式。三种公安人才培养模式在满足公安队伍建设需求的同时，也暴露出一些弊端。高中起点普招本科生培养模式提高了公安整体文化水平和学历层次，培养了职业忠诚的警察。但不可否认的是，由于国家人事制度的改革，相当一部分警校毕业生无法就业。现在公安本科院校人才培养模式仍然无法满足一线

单位对于不同层次、不同警种的需求；无法满足对实践型人才及学术型人才的需求等。大学起点普招二学位培养模式为公安机关吸收各类人才创造了条件，但与高中起点普招本科生培养模式一样面临毕业生入警难的问题，而且由于二学位培训时间较长，经济成本投入较大，待遇相对偏低，因此此种发展模式的前景受阻。政法干警招录体制改革二学位培养模式从根本上解决了学员入警难的问题，摆脱了严格苛刻的课程安排，使得公安教育培养更加自由，但学员背景差异较大，整体缺乏学习热情，未达到预期教学效果。由此可见，在实践过程中，当前公安人才培养模式存在的问题仍然阻碍着新时期公安院校人才培养工作的顺利进行。

莫明琪通过对我国15所不同层次、不同地区的公安院校人才培养模式进行问卷调查发现，我国公安院校人才培养模式还存在着许多问题，公安人才培养模式改进任重而道远。具体表现为：第一，公安院校人才培养目标单一，缺乏新意。公安院校人才培养并未实现通识教育与职业教育的有机结合，较少关注社会动态与学生的实际需求方面，没有动态把握公安人才培养的新特点和新规律。第二，公安院校专业设置缺乏论证，特色不鲜明。大多数公安院校为了提高综合实力，希望能多设置专业，从而获得更多财政支持。第三，公安课程体系建设有待加强。大多数公安院校仍然采取传统的学科型课程结构，没有彰显公安人才培养课程的精细度和科学化。教师教学观念和知识的更新慢，教学能力没有得到提升，教学方法仍然比较单一。第四，公安实习培训注重形式而不注重质量。第五，公安院校师资队伍建设落后，优化程度不够。公安院校教师结构不合理，缺乏高学历和复合型人才。第六，人才培养评价体系不完善。评价主体单一，评价内容不具体，缺乏相应的评价体系。

公安本科院校是公安人才培养的主要载体，肩负着公安事业实现向教育要素质、向素质要警力和战斗力的核心任务。但由于公安院校都是基于公安教育的特殊性设计人才培养模式，对毕业生的培养以学校自己的评价标准为主要尺度，忽视了我国社会经济发展和体制变革引起的社会形势对人才评价标准的变化影响，导致公安院校的人才培养模式与公安实战工作对人才素质需求的偏差越来越大。公安本科院校必须全面分析现行人才培养模式的利弊，主动适应新形势下公安工作与队伍建设的需要，重新构建公安院校的人才培养模式，切实贯彻公安院校服务公安工作的核心思想，造就融知识、素质、能力于一体的复合应用型公安人才。

三、公安人才培养模式改进途径

公安人才培养模式实质上是一个目标范畴和过程范畴，是在一定的培养目标、教育教学思想和观念、培养途径和方式的指导下对人才培养过程的设计、建构和管理。公安人才培养模式的改进途径体现了人才培养的目的性、过程控制性和质量保证性之间的相互协同关系，因此，人才培养模式的运作过程具有系统的特性。充分理解公安院校人才培养模式存在的问题，在基于公安人才培养模式六个微观要素层面上，分别从培养目标、专业设置、课程体系、培养途径、师资队伍和评价制度等微观要素层面出发，通过多种途径全面改革公安人才培养模式，从而提高公安人才的素质和创新力。

（一）确立适合公安实践需求的培养目标和培养规格

培养目标是高等学校办学特色的价值主张与具体要求，也是高校使命、理想和人才策略的集中体现。培养目标既是人才培养的出发点与归宿，也是确定教学内容与教学方式、检验和评价教学效果的根本依据，在人才培养中具有“定向、调控、评价、激励”等多重作用，其定位合理与否直接关系到人才培养的质量以及目标本身可能实现的程度。培养规格是高等学校专业培养目标的进一步细化，是对相关专业毕业生培养质量要求的基本规范，因而是制订人才培养方案与课程标准，教学组织、检查和评估专业教育质量的重要依据。人才培养规格的重新设计会带动包括专业人才培养方案、培养途径、培养方式等一系列改革，从而形成人才培养模式改革的一项系统工程，是其理想、使命与人才观的集中体现。在体现科学知识本身发展需要的同时，还要充分考虑公安实践业务需求，使得公安人才培养目标既能体现学生创新素质发展的需要，又能体现国家经济社会发展的需要。

（二）优化专业结构配置，实现学科间交叉融合

公安院校是一个社会组织系统，学科专业是公安院校的核心组织结构要素，公安院校功能的发挥依赖于其所拥有的学科专业功能的履行。通过对现有专业结构的调整优化，实现学科间的交叉、渗透和融合，优化专业资源配置，提高人才培养质量，是公安院校人才培养模式改进的重要途径之一。人才培养模式的改革优化，必须与学科专业结构的调整优化相结合，改变粗放专业扩展模式，构建专业集约化，为培养公安院校高质量、创新型人才搭建平台，为学生在交叉多学科环境中创新思想提供必要发展条件。以三个有利于为标准，即“学科、专业结构设置和优化调整是否有利于学校长远发展和办学目标的实现；学科、专业结构设置和优化调整是否有利于形成高等学校优势学科和学科群；学科、专业结构设置和优化调整是否有利于高等学校特色的形成和人才培养”，以公安特色学科专业为优势，寻求差异化发展，进而带动学校学科专业结构的整体优化和建设水平的提高。将公安学科专业向纵深发展，办精办尖；既要重视传统学科，又要面向公安业务实践发展需要；既要重视发展特色学科

专业，又要带动其他学科专业的全面综合发展。

（三）构建通识化与模块化的课程体系

课程体系是人才培养和组织专业教学活动的重要依据，是公安院校实现专业培养目标的基本载体和手段，直接决定着人才培养对象的素质结构和培养质量的高低。课程体系的设置构成人才培养模式的重要内容要素，对其进行优化调整往往是高等学校进行人才培养模式改进策略的切入点。针对公安院校课程体系现状，要积极构建通识化与模块化的课程体系。其中，通识化课程体系和教学内容满足国家教育方针政策和原则，包含一系列的必修课程与选修课程。根据学科专业大类中各个专业对于学科基础知识的共同需求，开设公共性、基础性和学术性的课程，以此服务于人才培养中基础能力的培养。而模块化课程体系将为学生提供深入的专业领域内的基本理论与基本知识，突出其专业优势与特点，强调特色、前沿与交叉，满足学生个性化发展的需要，形成专业知识的延伸和拓展。除此之外，要重视公安院校学生的实践能力和科研能力培养。综合运用所学的理论知识与各种技能，以培养学生的综合运用知识能力与分析和解决实际问题能力为目的，进一步培养学生的基本实践能力。努力培养学生的科技创新能力，培育学生进行科学研究、探索的创新意识与创新精神，提升学生的实践动手能力、知识运用迁移能力以及综合分析问题的能力等。

（四）实现多样化、系统化和科学化的教学方法体系

教学方法是公安人才培养模式系统中课程信息传递的基本途径。教学方法的优化有利于学生各项素质的创新发展，是公安学校创新人才培养模式必须考虑的关键因素之一。积极倡导归纳式、演绎式、探究式、导学式、研讨式、互动式等多样化、系统化和科学化的教学体系，创设与现实近似的教学情境，激发学生学习兴趣，增强学生未来工作适应能力。提升教师自下而上的教学改革，使教学方法走向更优选择。通过教学讲座、教学咨询、教学改革试验资助等多种方式鼓励教师开展教学方法的改革创新，提高其自觉运用现代教学方法的能力。改变学生传统灌输教育模式下的学习习惯，积极主动参与新的教学模式改革。理顺学校管理部门应向教学方式改革的诸多关系，最大限度地消除教学方式优化改革过程中出现的种种障碍，为优化教学方式提供保障条件。

（五）建立全面教学评价体系

评价体系是公安院校人才培养工作中的一个具有导向作用的因素，其目的在于客观反映教师教学质量情况，促进教师改进教学体系提升教学效果。公安教育注重理论与实践的结合，公安人才的培养应满足公安实战的需求。公安课堂教学质量不仅反映在课堂教学的学生评价层面，还应反映在课堂教学的社会需求和社会效益评价层面。通过校友回馈、回访制度等，改进现有课程教学体

系。建立公安课程教学的社会评价体系，实现公安课程教学随社会需求和社会效益评价而持续改进，在提高课堂教学质量的同时，很好地满足公安业务实战的社会需求，实现满足社会需求的“教、学、练、战”一体化的教学体系。

四、总结

公安院校人才培养模式是公安教育中非常重要的一环。培养政治业务素质高、实战能力强的应用复合型专门人才不仅是公安高等教育改革与发展的需要，更是维护社会长远和谐稳定的关键。针对目前我国公安院校人才培养实践中存在的具体问题，以及公安实践发展的现实需要，本文就公安人才培养模式中的培养目标、专业结构、课程体系、教学方法和教学评价体系等方面进行了阐述，并提出了公安人才培养模式的具体改进途径。公安人才培养模式的改进对深化公安教育改革，促进公安院校发展，提升公安人才培养质量，满足公安业务实践发展需要将具有重要的作用。

参考文献：

［1］文汉：《人才培养模式探析》，载《高等农业教育》2001年第4期。

［2］莫明琪：《我国公安院校人才培养模式的问题与改进策略研究》，湖南师范大学2010年硕士学位论文。

［3］陈洪玲、于丽芬著：《高校扩招后人才培养模式的理论与实践》，北京师范大学出版社2011年版。

［4］越庆典等著：《高等学校办学模式研究》，人民教育出版社2005年版。

第十四部分

以警察职业为导向的教育训练体系构建

魏永忠 许阁阁

21世纪以来，随着社会经济的迅猛发展，我国公安工作改革和发展对公安队伍提出了新的要求，对公安教育需要重新审视和定位。当前公安教育训练的现状与公安工作实际情况和发展需求依然不相适应，构建以警察职业为导向的教育训练体系是我国当前公安教育适应公安工作发展、满足公安工作需要的必然趋势。警察职业导向的教育训练体系的构建，有助于公安院校办学体制的改革和完善，有助于公安院校和公安机关培训基地更加有效地突出专业类教学，有助于提高公安人才的培养效益，降低公安人才的培养成本，缩短培养周期。

一、警察职业导向要义

（一）公安教育训练体系是一种特殊的职业教育即专业教育

警察是一种职业，从事这种职业的人员必须具备这一职业的素质要求。一方面，学员的招募和去向都是确定的，都是职业对他们的选择；另一方面，公安教育训练部门自身要具有职业性的教育训练内容和方法，具有职业性的师资队伍。公安工作赋予了公安教育训练的内容和方法，公安教育训练服务服从于公安工作。脱离公安机关、游离于公安工作之外的公安教育训练，便失去了公安教育训练的应有之义。

公安教育训练的行业特征非常明显，其主管部门特定，其培养目标特指，其人才培养模式特殊，具有特等的职业标准和素质要求。公安教育训练既不能与普通院校的学历教育等同齐观，也不能与其他职业院校相提并论。就技能教学内容而言，公安教育训练涉及横跨多种学科门类的知识和技术，诸如法律、体育、管理、化验、犯罪心理、交通、查缉、急救医学、计算机等，并将这些知识和技术有机地整合为打击违法犯罪和社会治安行政管理的警务技能和训练标准；就素质教学内容而言，公安教育训练无疑应将忠诚意识、纪律作风等人民警察的职业素质教育贯穿始终。因此可以说，公安教育训练是一种特殊的职业教育，也就是专业教育。

（二）以职业能力为本位，努力满足公安岗位的实际需要

公安院校作为培养实战应用型人才的学校，作为培养警察专门人才的主阵地，尤其应该树立能力为本的教育观和人才观。这也是由警察的本质特征所决定的。公安机关作为刑事执法和治安行政管理的专门力量，面对日趋严峻的社会治安形势和违法犯罪现象，必须花大力气培养和训练一支具有素质高、能力强、知识广等特点的警察队伍，才能立于不败之地。公安教育训练强调学员创新精神和实践能力的培养具有特殊的意义，也就是说，应当从警察的构成要素、警务运作机制和警察教育训练规律三方面的有机结合上，探讨和分析素质教育和能力本位的思想对公安教育的指导意义和指导作用。

二、警察职业导向的教育训练体系构建

以公安工作要求和警察职业导向要义为依据，遵循公安教育训练规律，构建的教育训练体系包括：能力体系、课程体系、训练体系和教学团队体系等内容。其中，能力体系是主体，课程体系及训练体系是核心，教学团队体系是保障。

（一）能力体系

警察职业能力，是指警察在某个组织层级担任某个职务，为完成任务取得成效所需要的基本或必要能力。警察职业核心能力是指公安各级各类岗位的人民警察，依据相关法律法规和岗位要求，在日常警务活动中，为有效维护社会政治稳定和治安秩序所必备的最主要、最基本、最常用、最实用、最重要的业务知识和必要能力。主要包括两个层面：一是职业工作所需的知识、技能和经验，即公安执法工作规定的行为和标准，这是通过学习和专业技能训练可以习得的。二是职业胜任力，即胜任公安岗位工作所需要的方方面面的素养：包括职业工作需要的态度与能力，主要是指业务的认知能力、社会能力（行为与心理能力）；警察个性特征（选择与职业特点和工作要求相匹配的人员）；个体动力（即个人内在需要、价值观和社会角色认知）。

概言之，警察职业所需要的核心能力（基本或必要能力），不外乎警察职业价值观、业务知识技能和岗位胜任力三方面：一是职业价值观，指从事公安工作所需要的警察职业道德感、责任感、正义感、自律感和执法意识、执法理念等；二是业务知识和技能，指执行具体警务工作必需的实用知识、技能和智

慧性能力，如应对问题和解决问题的技能，处理岗位工作和人的问题技能，适应环境等方面的技能和使用各种方法的技能；三是岗位胜任力，包含的不只是获得业务知识与技能，还有其他基本特质：思想、感情、心态、思维模式、个人形象及其他特质。

能力体系是构建警察教育训练课程体系的基本依据，也就是说，以警察职业为导向的公安教育训练课程属于工作任务课程模式，其主要目标就是培养完成工作任务的能力，这是研究警察能力体系的基本意义。

（二）课程体系

1. 科学定位课程体系

以警察职业为导向的教育训练课程体系定位于实践型课程体系。从宏观层面来说，这是由公安教育训练受制于公安工作的性质所决定的。公安机关作为专政机关的重要组成部分，作为武装性质的国家治安行政力量，必然要求公安教育训练以提升队伍整体能力，强化公安人民警察队伍的战斗实体作用为根本目标。从教育层面来说，公安教育训练从属于职业教育范畴，根本任务是培养、训练应用型人才。总之，培养应用型人才是公安教育训练的第一要务和根本目标，也是构建公安教育训练课程体系的基本定位。

2. 分类别设置课程内容体系

公安教育训练的内容体系，是根据初任教育训练、晋升教育训练、专业教育训练三大类别设置，按照《公安机关人民警察训练条令》的规定和标准而概括的学科、课程和训练科目的总体结构。它大体可以分为三大部分：一是横向内容体系，注重以警察构成要素（意识要素、组织要素、物质技术要素、信息要素）为内容体系结构（学科发展方向）；二是纵向内容体系，注重以警种岗位核心能力、胜任能力为内容体系结构（课程发展方向）；三是训练科目内容体系，注重实战性和应用性的训练单元或科目的系统设计。

公安教育训练课程一般都是按照公安工作体系来组织课程的内容体系的，因此，属于课程内容组织的工作任务模式。工作任务课程模式要求彻底打破学科界限，以工作任务为核心来组织课程内容，这样有利于把知识与任务的联系传递给学员。以公安教育训练课程来说，各警种的工作性质和任务决定了各警种专业培训课程的基本结构，警察工作任务的刚性，决定了公安教育训练课程内容的刚性。

3. 课程组织的模块化

公安教育训练课程由于受公安工作任务的制约，采用模块化课程是符合公安教育训练课程内在逻辑的。一是公安工作的迅速变化要求不断开发、更新公安教育训练课程，而如果一味采用长周期模式设计课程，则每次都要重复整个课程开发过程，开发时间长、所耗费用多，难以跟上公安工作的变化速度。二是公安工作的变化必然要求加快对全体人民警察的培训，而如果按长周期模式设计课程，由于人民警察的素质、知识、能力的差异性，就会产生内容重复或不到位，训练的针对性和有效性大打折扣，造成人力、物力、财力的巨大浪费。

4. 课程体系的职业化、多元化

公安教育职业化课程体系的构建，必须围绕警察履职需要的职业核心能力和综合能力的提高，以培养未来型警务人才为导向，讲究课程建设的职业化、多元化发展，既要强调综合性和应用性，更要体现先进性和时代性，将警务领域的新知识、新技术、新装备、新战法、新方法等最新成果，及时纳入课程教学体系。

5. 课程体系的一体化

根据公安教育“初任训练精练基础，晋升训练提升才干，专业训练拓展技能”的训练目标，以能力建设理念为指导，以公安院校、业务总队、分（县）局、基层所队学习型组织等教育训练实体为支撑，以课程改革为载体，注重初任训练、晋升训练、专业训练的需求分析和体系设计，注重课程体系之间的相互衔接、有序递进、各有侧重等内在联系与特色呈现，注重课程训练方法的绩效递增效应，注重案例教学、情境训练、见习实习的科学创造和综合应用。

（三）训练体系

以警察职业为导向的教育训练体系是一种基于职业能力培养为根本目标的教育训练体系，重在培养警察的实践技能，培养实践认知能力和职业胜任能力，尤其关注警察实践理性的培养，使其掌握警务工作分析、明确警务工作性质、职责、目标、规范、权限和程序。基于此，从强化实践和培训的角度，设计三种类型的训练体系。

1. 案例教学训练方法

案例教学是一种行之有效的基本方法，通过精心设计的案例的支撑作用，连续地把学员的情境思维智力从一个水平提升到另一个新的更高水平，符合从感性认识向理性思维转变的认知进程。案例支架式教学主要由以下几个环节组成：搭脚手架——编写实战案例，进入情境——将学员引入一定的问题情境，独立探索——让学员独立探索，协作学习——小组协商、讨论，效果评价——对学习效果的评价包括学员个人的学习效果自我评价和学习小组对个人的学习评价。

2. 情境教学训练方法

情境教学的主要目的是使学员在一个完整、真实的问题背景中产生学习的需要，并通过学习共同体中成员间的互动、交流，即合作学习，凭借自己的主动学习、生成学习，亲身体验从识别目标到提出和达到目标的全过程。学习者要到现实世界的真实环境中去感受、去体验（即通过获取直接经验来学习），而不是仅仅聆听教师或教官关于这种经验的介绍和讲解。

警察情境教学可以采取的形式有：一是工学交替形式。在初任训练中，将教学训练分成几个阶段，采取学习、实习交替运作模式。二是问题牵引训练形式。在初任训练、晋升训练和专业训练中，通过设置情境训练科目，实施发现问题、提出问题、分析问题和解决问题的培训模式。三是现场模拟教学形式。在适当的条件下，可以策划组织相应的现场模拟事件，训练学员的执法技能，由此既可以强化学员的执法能力，又可以避免实习中初任学员因无执法权可能碰到的麻烦。四是模拟警队形式。可以将学员分组编为警队，模拟基层警队的人员设置、工作情景和工作程序，展开教学训练，这样的训练可以帮助学员学会对工作的分析，进而提升对公安业务工作的感性认识，增强实践的理性思考能力。

3. 公安实战活动教学训练方法

实战活动教学就是对同一教学内容在不同的时间、不同的情境下，为不同的目的，用不同的方式来进行教学。学习者可以随意通过不同途径、不同方式进行同样教学内容的学习，从而获得对同一事物或同一问题的多方面的认识与理解。在公安教育训练过程中，创设以实战活动为载体的多种方法形式加以充分而交叉地运用，譬如工作观摩、假期实习、毕业实习、人民警察带教、庭审旁听、网络训练、实战模拟等，多维度、多视角地对学员的能力进行全面训练和培养。

（四）教学团队体系

1. 师资队伍的多元化

师资队伍中，“教官制”与“教师制”并存，“专职制”与“特聘制”并存。坚持以教官制为主导，招聘、引入来源于实战一线的教官，使教官成为公安职业教育训练的主力军，但同时也要不断加强公安院校教师队伍的培养，实现公安师资队伍的整体发展。

教官队伍中，“专职制”与“兼职制”并存，“省级教官制”与“基层教官制”并存。专职教官人事关系划入公安院校等训练机构，专职从事教学训练。兼职教官人事关系不变，在开展日常工作的同时，根据需要承担公安院校等训练机构的教学训练任务。在省级公安机关聘任教官的基础上，基层单位也可在本单位聘任专职教官，专门从事本单位的教学训练工作，为做强基层、苦练基本功提供有力的师资支撑。

专职教官队伍中，“任期制”与“长聘制”并存。任期制教官主要从事公安专业教学活动，在公安院校任教3～4年后必须回实战单位工作。长聘制教官主要从事基础、技术类等内容相对稳定的教学活动，可比其他专职教官较长期从事教学训练工作，以保证该类师资的稳定性，确保教育训练工作的延续性。

2. 以教官制为主导

教官来源于公安实战一线，熟悉实战情况，具有丰富的实战经验，是公安教育训练的主导师资。公安机关政工部门可按照“结构合理、门类齐全、择优选聘、确保质量”的聘任原则，面向全局招聘教官。教官可分为专职、兼职两大类。专职教官有任期制教官、长聘制教官和基层教官。专、兼职教官设“初、中、高、特”四个等级。具体做法包括：提供优厚的待遇条件；严格选拔的各个环节，包括较高的报考条件、严密的聘任程序和教官评审制度；加强制度管理，包括考核制度、教学业务研讨制度和培养制度在内的管理制度。

3. 师资队伍的培养

鼓励、引导教学人员瞄准“一专多能”的发展目标。一方面，组织教学人员全程参与各类课程策划、师资安排、授课施训、教学辅助、考核评估等多项工作，加强教学人员从事教学、组织、管理等多项能力的培养，促进师资队伍从单一的“业务传授者”向“教学策划者、组织者和传授者”的转变。另一方面，鼓励教学人员积极拓展教学领域，加快从某业务领域“单一科目传授者”向“多科目传授者”转变。同时，还可以分批派送教师深入实战单位参加基层实践，通过基层一线业务骨干、优秀人民警察与教师“一对一”结队带教，帮助广大教师熟悉实战情况，积累实战经验，使教学人员积极从“单一的业务传授者”向“业务传授者、德育辅导者和实战带领者”的“三位一体”转变。

第十五部分

公安管理专业实践教学和能力培养研究

李 侠 任志安

公安管理专业需要培养什么样的人才一直是公安管理研究人员长期以来不断探讨的一个问题。在学科建设之初，人才培养的定位是培养公安机关的管理者，即派出所所长和公安局局长。但是这些岗位的人员实际上是经过长期的实践工作之后，在工作岗位中选拔出来的，是要在具有丰富的实践工作经验基础上才能胜任的岗位。因此，长期以来，我们培养的人才并不能够直接进入公安机关的领导岗位。而作为向公安机关输送基本岗位人才的公安管理专业，其人才培养的定位直接就是领导岗位显然并不适合，尤其是当前基层警力极其匮乏的情况下，我们的专业培养目标不应该是单一的，而应该向多元化方向发展，即第一层次目标定位于培养具有基本技能的管理型人才；第二层次目标定位于培养公安机关的领导者，即培养具有基本实践技能和领导理念的公安管理人才。因此，当前公安管理专业改革的方向应当通过加强实践教学注重对学生能力的培养。

一、加强实践教学和学生能力培养的必要性

（一）能力培养是公安管理专业培养的首要目标

公安领导者的任务目标比较复杂，需要具备丰富的实践经验才能承担。正如韩非子所言："宰相必起于州部，猛将必发于卒伍。"公安机关的管理者和企业管理者不同，公安管理者实际上指的是公安机关的普通警员，因为公安机关是行政管理部门，其所面对的是对社会的各项行政管理和内部的事务管理。而公安机关的领导者是指对某一组织机构或组织中的某一项具体事务负有责任的人员，这样的人员都是需要经过一定时间的基层工作和组织培养，并经过严格的考核和选拔并且由组织正式任命产生的。正如美国著名的管理学家扎莱兹

尼克指出，管理者是一次出生的，“once born”，领导者是两次出生的，“twice born”。管理者可以从大学专业教育中培养出来，领导者是竞争出来的，而不是培养出来的。[①] 因此，从公安管理专业培养出来的管理人才首先是具有某一方面公安实践技能的管理者，至于能不能最终成为公安领导者，还要经过组织的考验和选拔。因此，对学生的能力培养是公安管理专业培养的首要目标，要重点培养学生的自学能力、动手能力、分析和解决问题能力以及创新能力。[②]

（二）培养实践型的人才是社会的需要

公安专业人才的培养并不是要培养简单的从事公安基层实践操作的工作人员，而是要培养出具有创新理念和能力的高层次人才。随着招录体制和用人模式的变化，公安机关在人才选拔过程中日益趋向双向选择，即选择具有丰富的专业知识和良好的实践技能的优秀人才。目前，公安机关在录取公安管理专业学生时，往往比较偏爱那些知识面宽、适应性广、综合素质高、可塑性强的毕业生。所以，注重拓展学生的知识面，培养学生的综合素质，全面提高学生的实践能力，特别注重学生的实际技能即动手能力和创新能力等，是公安管理工作要求的发展趋势。在这种情况下，公安管理专业的人才培养应该更趋向于对学生的专业技能的培养，如掌握某一专业方面的知识体系，对工作环节较为熟悉，能够熟练操作，并且在工作中能够具有一定的创新意识和能力。因此，公安管理教学的目标就是必须切实遵循教学规律，以创新为着力点培养复合型的实战应用型公安管理人才。

（三）实践教学是学生能力培养的重要途径

实践性是公安管理专业的基本特征，也是公安管理的生命力及效用性的基础，如果不能从公安管理实践中发掘问题和解决问题，公安管理就失去了现实意义。因此，系统深入地解析公安管理专业的特征，通过在对学生的实践教学环节构建的心理氛围中把握专业的理论及其应用，是公安管理专业学生职业能力的培养和形成的关键。随着公安学作为一级学科的建立和完善，公安管理学作为公安学的二级学科，不仅意味着其学科专业的调整、提升，更意味着公安管理专业的培养模式是以学生能力的培养为重点，以适应公安部门实际工作的需要。学生在课堂听取老师的理论讲授，只是对学科内容、理论体系、基本原理知识具备了初步的了解和把握，没有经过实践教学的情况下，他们对理论知识的理解只能是表层的、粗浅的，甚至容易掉入教条主义的陷阱。只有通过实

---

① 朱立言著：《行政领导学》，中国人民大学出版社 2011 年版。

② 胡芳、赵亮方：《实践教学和大学生能力培养》，载《实验科学与技术》2008 年第 6 期。

践，运用理论与实际工作反复结合、斟酌，才能掌握真知。通过实践教学，学生可以加深对所学的公安管理理论知识的理解和认识，将理论应用于实践，学以致用，熟悉和掌握专业技能，成为适应公安管理工作发展需要的复合型、应用型人才。

（四）实践教学有利于提升学生的职业素养

对于人民警察来说，职业素养是立身之本，也是对其职业、岗位的全面检验。实践教学对学生职业素养的培养主要体现在四个方面：第一，通过实践教学，可以使学生深入了解警察的职业特点，有效地锻炼学生的动手操作能力、职业应对能力、心理承受能力等，在对社会各种现象的不断思考和理解中提升对知识的探求和渴望。第二，通过实践教学，使学生在提高专业技能的同时，引导学生对行业中的一些问题和现象进行思考和解读，以提高学生思考和解决问题的能力，有利于培养学生的创新思维能力，进而提高学生的学习和科研能力。第三，在实践教学中，学生可以运用所学的理论或方法有针对性地解决实际问题，学生的寻找信息、寻找机会的能力以及根据信息作出判断的能力得到了锻炼，同时也可以创造出一定的公安效益。第四，实践教学能够促进我校学生公安伦理的形成和发展。人民警察的伦理道德不是在课堂上形成的，而是在公安工作的实践中形成和发展的。公安实践既是警察个人某种德性形成的前提，又是警察个人发展或改变某种德性的基础。在实践中个人受到了实践环境的影响并主要通过自己的能动作用不断地将公安法律制度、道德规范等内化为个人行为模式。实践教学有助于我校学生加深对理论知识的理解，形成人民警察正确的价值取向。

二、能力培养视角下的当前公安管理专业实践教学的反思

尽管实践教学是公安管理专业的基本教学形式，但是长期以来，公安管理专业更注重对学生理论知识的灌输和讲授，只是将实践教学作为对理论知识学习的一个补充和感受，对培养学生的实践能力收效甚微，因此，对实践教学方面的课程设置和教学目标等方面还存在许多问题，主要有以下几点。

（一）实践教学没有达到以能力培养为目标

实践教学是高等教育教学体系的重要组成部分，是培养学生理论联系实际，增强学生对社会、国情和专业的了解与认知能力，拓宽学生视野，巩固专业理论知识，提高学生实践能力和创新能力的关键，在人才培养中起着至关重要的作用。实践教学的好坏直接影响着教学质量，影响着人才培养目标能否顺

利实现。[①] 长期以来，公安管理专业实践教学并没有得到足够的重视，理论教学为主、实践教学为辅一直是公安管理专业教学的基本模式，观念上受应试教育的影响，把实践教学看成是理论教学的补充。一方面，教学质量的高低主要受理论水平的影响，实践教学难度大，容易产生一定的畏难情绪；另一方面，实践教学成本大，使本来资源就紧张的院校无法热衷于实践教学，即使搞也是避重就轻、走过场。因此，目前的实践教学没有达到以能力培养为目标。

（二）实践教学在课程结构中所占比重不足

通过对现有公安管理专业本科教学计划的分析，我们发现，理论教学课时占80%以上，而培养学生管理能力和技术方法方面的专门化知识技能课程不到20%，课时明显偏少。这种课程设置具有公安管理工作应用能力培养主线不明的特点，所以只能是重知识灌输、轻智能培养，概论性、原理性的内容偏多，管理操作技能、操作方法培养方面的教学内容较少，课程一方面多[②]学生应付考试无暇自学，另一方面教学的针对性、实用性不强，公安管理特色不明显。通过调研，大多数学生认为实践教学（包括实习）时间少，有关方面指导不够。

（三）实践教学体系不完善

公安管理教学一方面理论与实际脱节，一些教师缺乏实践教学意识，缺少培养学生实践能力的感召力。另一方面，作为一门诞生不久，交融跨学科的公安管理学，其主要依托于政治学、管理学、法学、社会学、经济学等学科。与实践教学联系紧密的政府经济学、数量经济学及管理工具、管理手段的教学人才偏少。另外，相对于完善的理论教学评价体系，实践教学评价体系明显滞后。由于缺乏统一、明确的目的和严格的考核、考试制度，使之应付检查而流于形式，主观随意性很强。

（四）实践教学对能力培养的针对性不强

目前，实践教学课程的设置只是倾向于学生对一些工作情况的了解和体验，让学生明白实践工作的基本情况、基本内容以及一些简单的工作流程，实践教学形式大于实质，未能发挥应有的作用。没有针对学生的某一特定专业方向的技能培养，以教师为主的实验课等实践课程，无论方法如何变换，都不能调动起学生的主观能动性，学生的思考能力、动手能力和创新精神将受到极大

---

① 邓广涛、崔志恒等：《改革实践教学管理　培养创新能力》，载《实验室研究与探索》2013年第6期。

② 理论课程太多挤占了实践教学课程，也挤占了学生自学与反思的时间，一些基础课程列出来学生完全可以自学。

的限制。因此，现行的实践教学对于学生的能力培养收效甚微。

三、公安管理专业实践教学和能力培养的改革路径

公安管理专业强化实践教学环节，提高实践教学质量和工作能力，在提高学生理论水平的同时加强对学生能力的培养，是教学改革的方向。以职业能力培养为核心，要加强职业技能训练的针对性、技术应用能力的综合性和职业素质的养成性。[①] 针对实践教学与学生能力培养不适应的问题，其改革的路径主要有以下几种。

（一）以学生能力培养为目标，进行实践教学体系改革

1. 公安管理案例教学改革

案例教学是实践教学的重要形式和教改的重要方向，在公安管理专业教学中占有重要的位置，它对于提升学生的从警能力具有重要的意义。但是案例教学在公安管理专业教学中未能得到足够的重视，案例教学水平还有待于进一步提高。首先，要着手公安管理案例库建设。在广泛收集与开辟案例信息来源的基础上，尝试建立一个立足国情、省情并面向世界、面向未来，全国公安共享的公安管理案例库。其次，加大案例库基础设施的投入。如软硬件的投入，建立专用的案例教学实验室。再次，不断丰富和发展公安管理案例教学方法，充分调动学生成为课堂的主角，老师成为组织者、引导者和监督者。最后，建立公安管理案例教学发展的动力机制。教师方面，可以通过职称评定、津贴核算、课时安排等制定激励政策促进其积极性；学生方面，可以通过考试内容、成绩评定、荣誉授予等鼓励其参与。[②]

2. 开展实验教学

实验教学是在科学思想的指导下，运用技术手段，探索未知或验证理论假说的实践活动。通过应用和开发实验模拟现实环境，使学生在校期间能够预先熟悉公安机关的运转流程，掌握管理的规律，具备实际动手操作和决策能力，以便走出校门尽快进入角色。首先，加强实验室建设，根据公安管理专业课程设置来设立办公自动化实验室、档案实验室、公安电子政务实验室、公安危机决策实验室、公安领导艺术实验室，等等。其次，加强实验软件建设。购买必需的国内外成熟软件和软件包，让学生熟练地应用，产生置身于实际环境的感

---

① 周如俊：《职业院校实践教学体系的构建综述研究：基于职业能力培养视角》，载《职教论坛》2014 年第 3 期。

② 颜佳华等主编：《行政管理学专业教学模式改革和方法创新》，湘潭大学出版社 2011 年版。

觉，在教室内提升实践能力、学习能力、创新能力和团队合作能力。最后，要在学校和学院制度上鼓励院系、鼓励教师积极从事实验教学，整合资源、联合攻关，开发实验软件、实验项目、实验教材和实验指导书。

3. 毕业论文教学改革

毕业论文教学是公安管理专业实践教学的重要内容。学生的毕业论文写作不仅是写作能力的提高，也是学生综合运用所学知识解决公安管理中遇到的实际问题，进行公安管理能力训练的重要环节。通过上好“最后一堂课”的论文写作训练，使学生不但掌握写论文的程序、技巧、查阅和运用资料的学习与研究能力，而且能够养成善于运用理论分析、解决实际问题的能力，这对将要走上公安管理工作岗位的毕业生大有益处。目前公安管理专业毕业论文的教学水平和教学质量急需得到提升。首先，要从思想上重视，行动上自觉。把毕业论文教学当作一项重要的教学任务，强调教师和学生的双向责任意识。其次，建立严格的毕业论文教学制度。此制度不但包括全过程的质量监控评估体系，还包括毕业论文教学的“双向”激励机制。

4. 深化实习教学改革

公安管理专业毕业生的实习是走向公安管理岗位的必经之路。通过公安管理实习阶段，把所学知识运用于实际平台，在实际中不但能够发现自己的优缺点，去掉清高与孤傲，还能亲身感受到基层公安机关工作的繁重，看到人民警察忘我的工作精神，从而使即将走上公安管理战线的毕业生以更加务实、理性的态度面对实际工作。在现实中，公安管理专业实习教学虽然取得了一定成绩，但远未达到理想的效果。因此要从整体上推进实习教学改革。首先，灵活运用“集中强制实习模式”。所谓“灵活运用”，就是在统一安排实习点的基础上，根据个人的毕业论文题目及科研课题有选择性的实习，并合理地调配时间，尽量为学生提供更多的实习机会。其次，加强实习基地建设。对固定实习基地，聘用兼职教官和兼职辅导员，定期或不定期组织学生交流和答疑，保持良好的合作关系，实现“共赢”。

（二）不断完善实践教学管理制度

制度建设是公安管理实践教学顺利开展并取得良好成效的基本保障。当前需要完善的制度主要有：一是组织制度。成立由院、系主要领导挂帅的实践教学组织常设机构，分工明确、责任到人。二是教学制度。公安管理专业实践教学要形成完整的具体制度。如拟订实践计划、安排实践内容、布置实践任务、注重实践操作、做好实践资料的整理与记录、认真总结。做到公安管理实践教学不仅要与理论教学全程有效衔接，还要注意各种实践教学环节之间的相互协调性，以确保获得最优的效应。三是考核评估制度。建立考核评估制度是确保公安管理专业实践教学质量的关键。公安管理专业实践教学在理论上论证肯定有许多优点，但在实际中未必如此，如果说取得应有的成绩是多个因素作用的结果，那么组织不力或某个环节出现失误，都可能使之流于形式而影响教学效果。因此，要借鉴其他学科及国外的经验跟踪研究各种实践教学模式；建立实践教学效果档案，全面分析实践教学效果；根据公安管理专业性质和特点，建立既符合实际又科学合理的实践教学效果测评系统；设立考核内容、细化考核指标。综合表现指标包括：适应岗位、参与态度、指导教官评价；人民警察职业素养、公安管理实践能力、管理与组织能力等，也可以按照德、能、勤、绩分为优秀、良好、合格、基本合格、不合格标准对实践教学进行质量检查考核。带队实习的教师要深入基地，征求和听取指导教官的意见和评价，随时了解和帮助学生解决遇到的问题，对学生参加实践教学的全程进行质量监控，回来后必须认真总结并对考评制度提出新的建议。

（三）大力培育公安管理实践教学师资队伍

培育和建设师资队伍是公安管理实践教学成功的关键和根本，也是一项长期的任务。一个高水平的师资队伍不是凭空产生的，一要靠引进，二要靠培养。首先，要把好引进关，制定引进制度。引进人才注重实践经验和人生阅历，规划和标准向全校和全社会公开，去掉随意性。其次，要加强对现有师资的培养，注重公安管理岗位的挂职锻炼，力争全方位熟悉，多渠道提高。最后，聘请兼职教师与改善现有教师知识结构结合起来，定期或不定期召开公安管理实践教学经验交流会、学术讨论会，相互学习，取长补短，从而不断提高公安管理教师队伍的实践教学能力。

（四）遵循对口培养原则设置实践教学课程

针对目前公安机关的实践需求和公安管理专业的专业特色，有针对性地对学生进行能力培养。首先，在现有课程当中选择与公安实践接轨的一些学科，按照公安机关的机构设置进行对口培养，如警务保障的实践技能训练与培养、警察人力资源管理的实践技能训练与培养等。其次，针对公安机关还没有对口培养的机构和部门，根据公安管理专业特点设置相应的实践教学课程，如警务宣传实践技能的训练与培养、公安文秘工作的实践技能训练与培养等。在对口培养原则基础上，这些实践课程的设置是专门针对公安机关的某一特定部门进行人才的能力培养，以便于在学生的培养过程中有一定的方向性，重点对某一方面的专业技能进行培养和训练，使日后用人单位在进行人才选拔时也会有所侧重和倾向。

第十六部分

公安管理学的理论发展与借鉴

王　峥

一、公安管理学的含义

作为现代社会发展的产物，管理成为现代社会最基本的活动之一，对于管理的定义，学界还没有形成统一的意见，但对于管理活动的实质，理论界形成了比较一致的观点，即组织中的管理者，为实现组织的目标，使用计划、组织、指挥、控制等职能，协调、利用人、财、物、信息等资源的过程。而公安管理，也可以称为公安行政、公安行政管理、警察行政管理，在此借用张光教授对于公安管理的定义："一般情况下是指公安机关为了实现公安工作的方针和任务，在现代管理理论的指导下，运用公安管理职能，充分发挥公安机关的作用和增强社会效益的活动。"① 同时，学界上对于公安管理的概念有着广义和狭义之分，加之管理行为本身存在不同的层次，以及所需要解决的问题，公安管理往往包含两方面内容，即公安机关组织内部的效率管理以及社会治理。

公安管理学是研究公安管理现象和一般规律的学科，在我国，公安管理学研究的主要内容可以分为基础理论研究，公安管理要素研究，公安管理体制和运行机制研究，公安管理目标研究，公安管理方法、技术和艺术研究以及公安法规研究等。

二、公安管理学理论发展的基础学科借鉴

理论作为学科的框架有着重要的意义，理论创新是学科建设的生命源泉和

① 张光、魏永忠主编：《公安管理学理论研究综述》，中国人民公安大学出版社 2013 年版。

主要内涵，学科建设是积累创新成果的体制化形式和主要渠道，没有理论创新就谈不上学科的发展和建设，没有学科建设则不能巩固理论创新的成果。① 学科的建设离不开理论的发展和完善，不同学科理论的相互借鉴影响对于理论的进化有着巨大的推动作用，具体来说，公安管理学根植于管理学、经济学、社会学、行政学、政治学、心理学等基础学科之中，本身就随着基础学科的理论发展而不断完善，基础学科理论的分化、细化、创新会对公安管理学产生纵向影响；另外，横向上，由于公安工作在不同历史环境和社会环境中的差异，现代警务管理科学理论本身也在分化、变革、固化，不同国家的警察行政管理理论之间也在不停地影响、借鉴，因此，公安管理学理论的发展借鉴和创新应当考虑纵向和横向两个维度。

（一）自由市场经济趋向的借鉴

自由市场来源于亚当·斯密的古典经济理论学理论，最早实践于18世纪中期的英国工业革命，主张国家仅承担防御者角色，对企业尽可能少干预，发挥市场的自主调节作用，实行自由经济、自由贸易。特别是在全面深化改革、完善社会主义市场经济的大环境下，简政放权、放管结合、优化服务是社会经济发展的重要措施。与此同时，自由市场经济理论对于完善公安管理学理论有着重要的借鉴作用。首先，公安机关的行政权需要进一步精简。随着市场在资源配置中角色的不断提升，行政权的范围需要进一步简化、优化，而公安机关承担一部分行政审批职能，所以优化业务流程、减少审批程序、提高办事效率是公安工作发展的一个趋势，也是公安管理理论的发展方向之一。其次，自由市场经济要求公安机关在严格执法的同时要更高效地提供公共安全产品。诺贝尔经济学奖得主加里·S. 贝克尔（Gary S. Becker）曾经指出，一般情况下，降低违法行为的途径主要有三条：其一是加强执法，降低违法行为人的侥幸心理；其二是加重处罚，提高违法和犯罪的成本；其三是减少、消除违法犯罪的收益，从根本上杜绝。例如，在贪污和走私案件中，传统公安执法理念强调加强执法和加重刑罚，而究其根源，往往是由于权力“越位”于市场，把原本应该由自由市场调控的资源交由行政权掌控。诚然，执法和刑罚作为手段是必需的，但更应该看到的是，通过“政企分开”让行政权退出市场经济，通过“开放市场”依法逐步降低关税，才能从根本上通过降低违法收益而达到降低犯罪率的目的。此外，对于公安机关来说，预防的成本远小于治理，这也是降低组织运行成本，优化效率，更加高效地提供公共安全产品的路径之一。通过经济学的分析方法能够提高公安机关的办事效率，优化资源的调配，进而提高

① 郑杭生：《社会科学学科制度建设在中国的发展》，载《新视野》2002年第5期。

公共安全产品的质量。

（二）城市社会学理论的借鉴

城市化是全世界的大趋势，是一个社会生产力发展的必然结果，随着我国城市化进程的不断推进，越来越多的人从农村走向城市。2016 年政府工作报告中指出，深入推进新型城镇化是现代化的必由之路，是我国最大的内需潜力和发展动能所在。而现阶段我国社会学研究有相当一部分是以农村社会为背景，中国城市化社会学仍在发展阶段，而城市化研究将会成为社会学下一阶段的重要学科分支，随着城市化进程，社会管理活动中势必会出现一些新趋势和新问题。这些新趋势和新问题将成为公安机关工作的新挑战，但同时也为公安管理理论提供了新的借鉴和补充。

城市社会学有着众多流派，我国社会学家郑也夫先生根据城市人格形成的归因不同，将城市社会学研究分为决定论、成分论和子文化论三大理论流派。决定论最早始于美国社会学家罗伯特·E. 帕克（1864—1944），他认为城市中人格的形成取决于城市大规模、高密度的人口，也就是说，环境对生活在其中的人以及其社会生活起到了决定性影响，决定论还认为正是由于城市化上述的人口特征导致了城市高犯罪率、人与人之间的关系冷漠的特征。成分论则认为城市生活的特征并不是由人口规模和密度决定的，而取决于城市人口的成分，正是由于城市中不同的年龄构成、种族成分、性别成分等人口成分决定了城市迥异于农村的生活特征。例如，对城市犯罪率的归因，成分论认为并非城市人口数量多、密度大造成了犯罪率高的现实，而是城市和农村完全不同的人口成分，城市中年轻人的比例远高于农村。子文化论融合了决定论和成分论，它一方面承认成分论的观点，认为小群体对于城市心理有重要作用，子文化应当属于小群体文化；另一方面，子文化理论同样认为决定论有着重要作用，城市中的人口规模对于子文化产生重大影响，因为城市的高密度、大规模人口造就了众多的子文化，对于不同的子文化要由点及面进行放大分析。

城市社会学的理论揭示了城镇化发展过程中的一般规律，决定论、成分论、子文化论三个理论流派为公安工作以及公安管理学理论的发展提供了重要的借鉴。首先，决定论解释了城市发展的“大”趋势，对比农村，公安机关面临的工作总量无论是执法还是服务会随着城市化进程急剧增加，如抢劫、盗窃、交通肇事等方面，由于城市的高速资源流动，许多案件的发生跟城市人口的规模成正相关。其次，成分论揭示了城市发展的“细”趋势，城市居民的构成因素更加复杂，不同信仰、生活习惯、工作性质、生活癖好的人聚集在一起，要求包括公安机关在内的城市服务提供者对于城市居民的不同需求提供广泛而准确的对接。如随着社会的发展，近些年来专车、外卖、快递等服务业的井喷式发展，而对接这些行业的准入制度、管理规范仍处于相对滞后的防御状态，公安机关面临的问题也空前复杂和细化，这些新兴行业的发展也在倒逼包括公安机关在内的行政部门进行“产业升级”。最后，子文化论揭示了城市发展的“杂”趋势，由于城市的规模扩大作用，许多极细的行为可以形成很大的一个群体。以毒品犯罪为例，如果固定区域的毒品犯罪率是万分之一，一个拥有一万人口的乡村每年的毒品案件只有一起，而一个百万人口的城市每年的毒品案件发生就要有一百起，而毒品犯罪作为一项极为复杂的犯罪现象，往往需要许多诸如生产、贩运、销售、洗钱等专业知识，而这些知识并不是一个人可以具备的，所以毒品犯罪继承了许多其他犯罪行为的子文化，并通过城市大规模和高密度人口进行了放大。由此可见，城市社会学反映了下一个阶段城市的发展规律，对公安工作和公安管理理论的发展有着重要的借鉴作用。

（三）人本化管理学趋向的借鉴

在每一个组织中，管理行为都是给组织注入活力、赋予组织生命、完成组织目标的要素，管理是将“生产原料”转化为产品的催化剂，而这一催化剂的关键成分是对人的管理，尤其在快速发展的社会，急剧变化的外部环境中，人的发展对于组织的生存有着重要的意义。而在公安管理理论中，如何进行卓尔有效的管理，更加充分发挥公安民警的积极性，顺应社会的快速发展变化，是提高公安机关工作效率的核心命题。因此，作为基础性学科，管理学对于公安管理学的发展有着重要的意义，特别是随着时代发展，知识化、信息化社会的到来，人才的管理方式也需要发生变化。

知识化社会是现代管理学大师彼得·德鲁克在《下一个社会》中提出的一个概念，他认为在知识社会中，知识将成为社会的关键资源，知识工作者将成为社会主要的劳动力，主要体现在三个方面：一是知识的无边界性，二是人才的向上流动性，三是知识成为“生产工具”，任何人都可以获取这一工具并有相等的成功或失败的可能性。[①] 从描绘中不难看出，知识社会是一个充满激烈竞争的社会，无论是对个人还是组织。由于知识社会的玻璃天花板已经变得脆弱，任何掌握知识这一“生产工具”的人能够自由地向上流动，创造更大的价值，因此，怎样提升组织竞争力、吸引人才、激励员工成为组织的生存根本。在工业化社会中，科学管理理论被实践证实为高效的管理手段，泰勒认为，通过科学系统地分解工作流程，提高员工的工作熟练度，能够提高整个组织的工作效率，而在知识社会中，怎样将知识以及作为知识的载体的人进行更加科学的优化、激励才是更加重要的问题。对于公安机关来说，随着社会整体

① ［美］彼得·德鲁克著：《下一个社会的管理》，机械工业出版社 2009 年版。

知识水平的提高，公安队伍的人才流动速率无疑会更快，怎样采取更加有效的手段激励公安民警是公安管理理论下一步需要解决的问题，对此，彼得·德鲁克认为，激励员工最佳绩效唯一有效的方法是加强员工的责任感。① 然而加强员工责任感的途径并非用物质，而是通过让员工了解情况，从而拉近员工与组织目标的距离，进而加强组织目标和员工行为的反馈性和对应性，使其拥有管理者的愿景，最终达到加强员工责任感的目的。而对于公安管理理论来说，怎样增强公安民警的职业认同，使得日常警务工作和公安机关的历史任务之间产生良好反馈、互动，进而产生合力，是公安管理学下一阶段的发展方向。

三、西方现代警察行政管理理论的发展及借鉴

公安管理，在西方被称为警察行政管理（police administration）或是警察管理（police management），西方警察行政管理理论是警学的精华和重要的组成部分，随着管理理论的成长和发展，西方警察行政管理理论形成了自己的框架和理论内涵，研究西方警察行政管理理论对我国公安管理学理论的发展有着重要的借鉴作用。

（一）西方现代警察行政管理理论的发展

理解管理思想的发展历程对于当代管理实践有着重要的意义，西方学界普遍认为管理学理论的发展主要经历四个阶段，分别为：古典管理理论阶段、人际关系理论阶段、行为科学阶段和现代管理理论阶段，而与之相应，西方警察行政管理理论也经历了三个时期，即古典警察理论、警察行为科学理论和现代警察理论。早期的警察管理理论深受古典管理理论影响，强调等级制、职业性以及执法行为，而在人际关系理论和行为科学理论时期，研究方向开始倾向于强调分权的重要意义，包括对警察作为“复杂人”属性。到了现代警察理论时期，警察管理理论受到系统论和权变理论的影响，并融合了企业战略管理、全面质量管理和政府再造理念，并最终导致社区警务概念的提出。

20 世纪 70 年代，西方警察学学者将管理系统理论应用在对警察组织的研究中，维森南德和弗格森（Whisenand and Ferguson）最早将开放系统理论应用到警务工作中，他们指出了将警察组织视为开放的系统的优势：其一，无论警察机关被视为一个系统还是大司法格局下的子系统，系统理论都可以通过跨过系统内部或是子系统间的边界找出、建立并利用不同的组织进行联系。其二，警察组织已经意识到现阶段简单研究的局限性，系统的方法可以综合其他相关领域的研究并加以利用。其三，系统的方法可以为警察组织内部运行和外

① ［美］彼得·德鲁克：《管理的实践》，机械工业出版社 2009 年版。

部关系的协调提供新的视角。其四，系统的方法有一个重要的好处是它以行动为导向，可以通过完成组织目标这一具体行为来收集数据，并完善决策。

而到了20世纪70年代末，罗博格将权变理论应用到警务工作中。他提出权变理论的重要意义，以及正确发现组织内部和外部的变化对于警察组织行为的重要意义。因此，许多环境的变量，如警察自身的教育背景、文化差异、性别等，以及外部环境因素，如法律的修订、辖区居民的文化差异、政治信仰等，都可能影响具体决策的有效性。同时他还提出，减少组织的层级和集权程度对于提高警务工作效率有着重要的意义。

20世纪80年代末期，莫罗和加诺维斯将企业战略管理的理念融入警务改革中。他们认为警察部门的管理者应该像私营部门的经理一样，设定警察组织自己的财政和社会目标，并找出完成这些目标所需要的核心技术和生产方式。

到了20世纪90年代，全面质量管理理论已经被西方广泛应用，据统计在当时的美国，大约有25%的政府机关在不同程度上借鉴质量管理的理念。而在警务活动中，胡佛（Hoover）在1996年对200名得克萨斯州警察机关的管理者进行的一次调查统计中也发现了相同的结论。他在调查中对警察机关的文化、民众反馈等因素进行测量，发现在警察组织内部文化和服务民众方便能够较好地运用全面质量管理理念，而这一结论也被后来证明警务现代化中有着重要的作用。根据可查证的资料显示，在美国国内全面质量管理理论第一次投入使用是在威斯康星州的麦迪逊，时任麦迪逊警察局局长的库珀（Couper）和他的同僚卢比茨（Lobitz）在书中记录，通过质量管理，警局由一个传统的科层制警察组织向质量导向的警察组织转变的过程。然而，麦迪逊警局的质量管理改革也有着弊端，改革的进程中十分重要的两点是参与度和合作度，而这在当时来说是十分消耗资源的，麦迪逊警局的质量管理改革在准备阶段耗时9年，而且总共经历了25年的发展才达到现代化社区警务工作的基本要求。

政府再造理论是由戴维·奥斯本1992年在他的著作《政府再造》中提出来的。作者从战略高度系统地提出了政府再造的五个战略，即核心战略、后果战略、顾客战略、控制战略、文化战略。而政府再造的相关理念也被应用到警务工作中，其中一部分理念更是对之后的社区警务工作模式产生了深远的影响，其一是社区型政府理念，主张社区要参与政府的决策过程；其二是顾客导向型政府，是指民众作为政府的“顾客”，可以通过调查、走访等形式将意见反馈给政府部门，对政府提出自己的要求和设想；其三是分权型政府，是指民众要更多地参与到政府的决策过程和程序中。而以上理念正是现代化社区警务实行的基础和前提，为社区警务提供了理念支撑，通过民众和警察机关的良好互动，一方面提高了民众的参与感和满意度，另一方面也达到了提高警察机关工作效率的改革目的。

（二）西方现代警察行政管理理论借鉴

现代警察行政管理理论的发展得益于管理思想的发展，通过借鉴企业管理的理论、方法和技术，将市场的竞争机制引入到警察组织中，以提高警察机关的执法和服务水平，而西方现代警察行政管理理论对于我国的公安工作改革以及公安管理学的发展有着重要的借鉴意义。

1. 现代警察行政管理发展的基础是对人的重新认知

从古典警察理论、警察行为科学理论到现代警察管理理论的发展历程中不难发现，警察行政管理理论的发展是随着不同历史时期和社会环境对人性的假设和认知，人的属性认知从最初的自然人、理性经纪人、社会人一直发展到复杂人，体现的是对人的价值的重新认定、人的潜能的不断被发掘。按照彼得·德鲁克的说法，随着知识社会的到来，人对知识掌握水平的不断提高，人的流动性势必会大幅提高，组织原先的人事管理方式必定需要发生革命性的变化才能对组织内的员工进行有效的激励手段，完成组织既定的目标。而在对西方警察行政管理理论的研究中不难发现，西方警察管理的研究框架中更多涉及的是对人的保障和管理。在罗博格（Roberg）的《警察管理》一书中，警察管理的理论框架分为：管理理论的发展、警务模式和社区警务、组织和团体的影响、警员的分类和遴选、人力资源发展、动机和职业设计、领导和管理、计划和研究、监督和问责、警察行为职业安全和压力应对、警务资源利用、民事责任、组织变革和发展、警察管理的挑战。从中不难看出，西方警察行政管理的研究中，相当一部分设计警务工作者的职业安全、职业设计等具体问题，而这对我国公安管理理论的发展有重要的借鉴意义，面对未来更复杂的环境，提高公安机关的工作效率除了增强公安民警的使命感、责任感之外，怎样对民警自身有更好的职业保障对于激发知识社会中公安民警的工作积极性有着重要的意义。

2. 将市场机制引入公安机关的管理之中

现代管理思想的一个重要标志之一就是将企业的管理理论引入政府行政管理之中，将科层管理体制逐步导向质量管理。现阶段正是我国经济体制改革的重要时期，公安机关无论是内部效率管理还是外部社会治理都需要引入市场机制以保持组织的活力。虽然由于我国公安机关的特殊工作性质不能完全用市场的机制解决现阶段的所有问题，但根据不同的社会环境，在一些具体的公安工作环境中可以进行小范围的新尝试。例如，在治安管理中，将公安机关一部分职能以合同的形式“外包”给具有良好市场资质的社会组织，一方面可以极大减少公安机关的运行成本，另一方面发挥市场在资源配置中的有效作用也可以解决公安机关提供的公共安全产品的质量。

3. 更加有效地平衡预防和打击的关系

公安机关肩负巩固共产党执政地位、维护国家长治久安、保障人民安居乐业的三大历史使命，预防和打击是公安机关实现历史使命的重要手段，但在现实工作中，重打击轻预防的问题在有些地方仍普遍存在。前文说到降低违法行为的途径主要有三条：一是加强执法，降低违法行为人的侥幸心理；二是加重处罚，提高违法和犯罪的成本；三是减少、消除违法犯罪的收益。从西方的警务工作实践中来看，在社区警务中，邻里守望对遏制犯罪率的贡献要远大于犯罪后的打击。因此，怎样更有效地平衡预防和打击的关系是我国公安工作下一个阶段的重要议题。

公安管理学是研究公安管理现象和一般规律的学科，而公安管理现象和规律在不同的历史时期、社会环境下随之变化，公安管理学的发展应当既关注基础学科的最新发展动态，吸取成熟的管理理念，又要加强与西方现代警察行政管理理论的交流沟通，查漏补缺，更好地指导我国公安工作实践，提高警务工作效率。

参考文献：

[1] 郑也夫著：《城市社会学》，上海交通大学出版社 2009 年版。

[2] 薛兆丰著：《经济学通识》，北京日报报业集团同心出版社 2009 年版。

[3] Roy R. Roberg , Jack Kuykendall and Kenneth Novak：*Police Mangement*. Oxford University Press. 2002.

第十七部分

公安管理学学科发展增长点

张玉琢　李昊晨

一、回顾公安管理学学科的发展进程和取得的成就

以美国学者华勒斯坦为主席的重建社会科学委员会在《开放社会科学》一书中，分析了社会科学发展与社会变革之间的内在关系：若要对社会变革进行合理的组织，那就必须首先去研究它，了解支配它的种种规则。这就不仅为我们后来称为社会科学的那一类学科提供了发展空间，而且还对它们产生了深刻的社会需求。从这个意义上讲，基于新中国公安工作发展深刻需要而建立起来的公安管理学，在其发展中对中国公安工作发展所作出的贡献，在很大程度上就是中国公安工作发展本身的要求。除了公安管理学本身所包含的价值观念以外，我们还可以把它看作客观的知识体系，看它如何在中国立足并逐渐成长起来，并为中国公安体制的运作提供一套知识基础，它把中国的公安管理工作放在一个现代知识图式之中。

公安管理学是从管理学中分化衍生出来的一门学科，回顾公安管理学发展历程，首先要从管理学追溯。在中国，成长最快的一门学科就是管理学。作为转型期社会的致用之学，管理学的触角几乎深入到社会的各个领域。然而与经济学相比，管理学是如此的杂乱，以至于人们很难从一个相对稳定的角度梳理出学科的发展脉络，找出管理学的内在逻辑。如果说经济学实现了理论回归，重新在西方经济学中找到了自己的发展路径，那么管理学仍然处在经验探索阶段，在更多的时候，管理学只是对管理经验特别是企业管理经验的总结。管理学与经济学最大的不同在于，经济学着重于解决资源的配置问题，它在宏观或者微观的层面，探讨资源配置的效率最大化问题。管理学的价值就在于，不仅

仅看到资源配置的效率层面，而且关注资源配置过程中的人的价值实现。所以，管理学是一种充满人性的科学。

管理学的本质应当在于发掘人的价值。管理学从本质上来说是关于人的学问。从这个角度看，管理学家应该是政治家，了解现代社会人的政治诉求；管理学家应该是社会学家，了解人的社会群体属性；管理学家应该是法学家，了解社区人群的共同行为规则；管理学家应该是心理学家，了解人的自然属性和社会属性，并通过影响心理波动发挥人的潜能；管理学家还应该是哲学家，能够洞察人的价值观、世界观、人生观。从根本上来说，管理学以人作为出发点，同时又以人的价值实现为最终目标。如果离开了人的因素，管理学的发展就没有了根基，没有了方向。在企业管理中，人的价值尤为明显。企业永远是一切法律关系的总和，而法律关系的主体永远是人。在企业中，有投资人、债权人、董事和经理等，在企业外，有国家机关及其工作人员、社会团体、客户，等等。企业管理追求的价值目标，就在于找出企业利益相关者各自的价值追求方向，然后，运用最佳的组合方式，将这些利益最大化。

公安管理学从无到有，是一个不断发展、充实、完善的过程。公安管理学产生于20世纪80年代。1984年，中国人民公安大学正式成立，设立了公安管理系，开始招收本科学生，开设了公安管理学的课程。1986年，第一本《公安管理学》（俞雷主编）问世，标志着公安管理学作为独立学科的地位开始确立。1999年，开始招收硕士研究生。短短的几十年里，无论是在理论和实践方面，还是在学科建设、专业建设、人才培养和学位建设方面，其发展都取得了令人瞩目的成就，为推动我国公安管理事业的发展和公安队伍建设作出了巨大贡献。

公安管理学的学科研究取向是立足于公安机关的研究，学科发展之初具有明显的内向特征，关注焦点是公安机关自身的结构和运转。与此相对应，警察职能、警察权力、警察组织、公安人力资源管理、公安队伍建设、公安领导与决策、公安装备与财务管理、公安监督与警务督察等构成了学科研究的内容框架和基本范畴。21世纪以来，公安管理学吸收和借鉴了政策科学的相关理论框架和研究方法，突破了自身研究的内向性特征，学科研究扩展到公安机关对社会的管理，公安政策和管理成为学科研究的重要组成部分。

20世纪80年代，在学科开始建设之初，当务之急在于对公安管理学理论的对象、体系以及范畴的研究，这种研究一方面是通过学术交流活动而开展，另一方面是通过出版教材而加以整理和规范。这一研究所取得的成就和进展主要体现在以下两个方面。

第一，阐述了公安管理学是一门科学。公安管理学是一门科学的观念的确立，改变了把公安管理仅仅理解为思想政治工作、后勤工作和行政管理人才是“万金油”的错误观点。在此基础上还进一步探讨了公安管理学的逻辑起点和主要内容，阐述了公安管理学的基本概念、性质任务、公安组织、公安领导、公安决策、公安计划、公安执行、公安监督、公安管理方法、公安人事管理、公安业务管理、公安信息管理、公安财务装备管理、公安科教管理等众多的基本范畴与原理，形成了公安管理学的基本研究范围和框架体系。

第二，提出了建立有中国特色的公安管理学理论体系的目标。在建设有中国特色社会主义理论这一总的主题之下，公安管理学界提出了在吸收、消化国外行政管理，警察管理理论、经验的同时，着力挖掘中国公安管理经验，总结当代中国公安管理特点和基本规律，着重公安改革现实问题的研究，初步探讨了有中国特色的公安管理学理论体系的问题。

以上这两个方面的研究成就对公安管理学的发展起到了重要的促进作用。

我们也应注意到，在这一初创阶段，虽然提出了建立有中国特色公安管理学理论体系的目标，但如何建立，却还有很多难点有待解决。当时的理论体系还不能充分体现中国公安管理的特色，与实践反差很大，以至于公安管理学学科体系尚未真正建立起来。

自20世纪90年代以来，公安管理学的学科建设在探索中获得了进一步的发展，研究的基本特点是正在实现范式转换。由此提出了许多新观点，形成了较多有价值的思想，提炼出不少带有规律性的理论研究成果。已取得的成果主要有：社会安全预警指标体系、公安机关质量管理工程、公安队伍正规化建设、公安机关领导班子建设、警察素质研究、警察礼仪规范研究、警察公共关系建设、公安思想政治工作研究等。公安管理学基础理论的研究也深入到公安管理的各专业系统，对公安管理学分支学科进行系统研究；而且，在基本理论研究领域和研究方法等方面，更多地与政治学、法学、社会学、经济学、心理学等相关学科的研究进一步紧密地结合起来，相互借鉴与渗透。

进入21世纪，公安管理学的分科化研究和专业化研究发展迅速，研究议题不断拓宽，研究内容不断深入。首先，重视某些范畴的深入研究，如近年来公安决策、公安监督和警务督察、公安机关质量管理等方面的专题研究已经取得了初步成果。其次，在注重一般公安管理原理研究的同时，还侧重公安队伍正规化建设、区域警务合作机制、公安绩效评估与精细化管理研究的拓展，使公安管理学研究更具专业特色，更具适用性。不少论著还结合公安管理功能的不同侧面开展专题研究，促进了研究的不断深化。再次，对公安改革和创新的研究发展迅速，并成为公安管理学研究的重要组成部分。最后，公安管理学与学科的交叉融合，使其研究内容丰富多彩，带动了中外警察体制变迁、中外警政比较、公安应急管理、警方与媒体等研究的发展。

总结几十年来，公安管理学在学科建设方面取得了以下一些成就。

（一）建立起了最基本的学科体系

公安管理学学科体系的建立是一个循序渐进的过程，经过学者们的不懈努力，基本形成了一个相对科学的学科体系。尽管对这一体系还有许多值得商榷和反思的地方，但毕竟已经有了最基本的框架。

（二）形成了一支公安管理学的教学与研究队伍

公安管理学的课程体系已经建立，公安管理学本科专业的主干课程已经确定，教学机构初具规模，建立了人才培养基地，培养了一批教学和研究人才。

（三）科研成果颇丰

出版了数十部著作，完成了几十项省部级科研项目，发表了大量的专业学术论文。

（四）理论研究和实践探索同步推进

对公安管理学的基本理论、分支学科和我国公安管理中的实际问题进行了广泛的研究和深入的探讨。

（五）公安管理学的人才培养体系初步形成

公安管理学人才培养体系的确立，使得该学科能够不断地向公安机关乃至国家其他部门输送具有现代政治意识和管理知识的人才。公安管理学教育已经在公安系统的硕士、本科、大专、自学考试和各级公安领导干部和民警的培训、警衔晋升培训中普遍展开，培养了大批高质量的公安管理专业人才。

（六）公安管理学学术团体的设立

中国行政管理学会公安管理研究分会办事机构设在中国人民公安大学，中国人民公安大学每年都组织召开国际或全国性的公安管理研讨活动，出版论文集；同时依托公安部办公厅、政治部和装备财务局等公安领导机构以及各地公安机关开展科学研究和为公安实战服务的活动，在一些地方公安机关设置了研究基地和学生实习基地。

我校的公安管理学发展和建设水平在国内公安院校中一直处于龙头地位，尤其在公安组织管理、公安决策与指挥、公安政治工作、公安装备和警察公共关系等方面具有明显特色，这对公安管理学的知识进展与学科制度建设是一个巨大的促进。另外，一些地方警察院校设置了公安管理系或警察管理系，招收大专生或本科生；在一些政法院校和警察院校也开设了公安管理学以及相关课程。

综上所述，我国公安管理学经过几十年的建设和发展，已经取得了可喜的成绩。初步建立了学科体系，培养了大批优秀人才，为公安管理学的进一步发展奠定了良好的基础。虽然发展的过程并不是一帆风顺的，但是整体上来说，公安管理学的学科发展前景依然乐观。

二、当前公安管理学学科发展中面临的突出问题

由于历史和现实的一些原因，公安院校与基础较好、办学历史较长的老牌本科院校相比，整体学科水平相对较低，占有的资源有限，在学科建设方面存在着天然的劣势。具体来说，公安院校公安管理学学科建设方面或多或少地存在着学科定位不够准确、学科特色不太明显，学科结构有待完善、大学科和学科群观念较为淡薄，学科队伍结构不够合理、缺乏学科带头人，以及学科平台建设不到位等问题。

（一）学科定位不够准确，学科特色不太明显，历史积淀浅，学科建设相对薄弱

公安管理学学科的发展，由于其自身特定的性质，没有比较直接的历史经验可以借鉴，只能通过自身的成长，一边发展一边总结经验，导致在前进的过程中，发展的速度和质量受到一定的影响，落后于一些有着悠久历史的学科。正是这些因素，导致公安管理学在学科建设上，出现了一定程度的盲从现象，没有从学校自身实际情况出发，容易模仿其他学校，贪大求全，片面强调“多学科”、“综合性”发展，过分依赖管理学、行政管理学等的理论。有些时候甚至照搬照抄，直接引用与自身存在一定差异的发展理论，而忽视了公安院校应有的优势学科和特色学科，存在着一定的盲目性。由于学科建设缺乏针对性，没有突出重点，因而学科特色不太明显，导致学校学科建设水平提升受到限制。

（二）学科结构有待进一步完善，大学科、学科群观念较为淡薄

公安院校一般都是以专业或专业方向来设置系部的，大多没有考虑大学科、学科群的发展需要，不同专业之间相对独立，不论是在课程设置、学时安排、学科种类等方面，还是在实验教学、模拟实战、技术装备等后勤保障方面，都存在巨大差异，从而导致学科与学科之间、系部与系部之间、专业与专业之间、课程与课程之间缺乏整体性和联动机制，容易造成条块分割，各自为政，使各个学科专业的教学资源不易跨部门、跨学科实现资源共享。公安管理学所包含的范围非常广，管理工作是一个进行统筹规划的过程，从基层一线到上层领导，所有的公安工作，都需要有管理活动，只有全面发展，才能较好地突出公安管理学的特色，目前这种状况不利于学科的交叉融合及其健康有序的发展，特别是对于新兴交叉学科、边缘学科等特色学科的形成造成了较大障碍。另外存在轻视倾向，普遍认为公安管理学只是公安学的一个分支学科，是

二级学科，学生在学习时不应该有太多的压力，课时偏少，数量不足，很多的必备知识没有设置或者涉及的知识太过浅显，根本达不到教学效果。这种想法是错误的，公安管理学虽然作为公安学的分支学科，但是并不意味着它的重要性就要低于其他的一级学科，每个学科都有其自身存在和发展的价值，不同的学科发挥不同的作用，这种作用和价值是不分高低贵贱的，所以在课程和科种的安排上要重视起来，切勿降低学科标准。

（三）师资队伍结构不尽合理，缺乏学科带头人

近年来，公安院校虽然通过内培外引等措施，大力建设师资队伍，使整体师资水平得到了很大的提升，但由于特定的历史原因和现实因素，师资队伍依然存在着结构不太合理的现象。主要表现为：一是学校本身师资基础较弱，有的学校只有专业带头人，缺乏学科带头人。由于公安院校的专业性较强，尤其本身的属性，师资队伍最初不够系统完整，高素质教学人才不多，而且专业的教学力量更少，教学人员大多没有经过专门的培训，教学的能力和水平不高，无法承担专业带头人和学科带头人的角色，导致出现“群龙无首”的局面，每个学科都没能进入深入的研究和进步。二是优秀人才难以引进，学校的教学、科研水平在短时间内难以有大幅度的提升。由于本身的基础较弱，就造成了学校以及专业院系对高素质教学人才和专业教学人才缺乏吸引力，无法快速融合优秀的教学资源。三是小型学科带头人更加紧缺，如“公安管理学”，其中包括：公安秘书学、公安决策学、公文写作等小型学科，这些学科往往都是由少数教师进行教学，每门学科基本不存在学科带头人，就使得学科无法得到深入的发展。

（四）学科平台建设不到位，限制了学科的发展

由于经费短缺或支持力度不够以及资源的协调不够合理，公安院校的学科研究基地、实训实习基地比较少，资源有限，部分学科专业实训设备、设施不能满足学科建设的要求，办学条件亟待改善。无论是学校的发展还是学科的建设，都需要强大的后勤保障，如果学科平台不够完善，单一进行理论教学，学生不能直观地进行模拟或实践，那必将导致教学水平的下降。同时，有的学校还存在着由于管理协调不力而造成的部分仪器设备运行效率低下的问题。学科平台建设不到位，极大地影响和制约了学科的稳步发展。

（五）学科管理体制不够健全，影响了学科管理效率的提高

随着时代的发展，公安院校普遍出台了一系列学科管理制度，但从办出学科特色、提高教育水平的要求来看，仍然不同程度地存在管理制度不够健全的问题。一是学科建设管理机构尚不健全，有的学校还没有专门的学科管理机构，而由科研处兼管，其运行机制、各种关系还没有形成完备的体系和模式。

二是学科管理制度的更新速度偏低，随着时间的推移，管理制度的部分内容已经不能够再被实行，但是由于时间和人员的限制，管理制度的创新往往处于停滞状态，这就导致制度逐步失去公信力，最后形同虚设。三是缺乏科学合理的奖惩机制，学科的发展建设，教师持续的积极性往往需要一定的外界刺激，奖惩机制是调动教师积极性、创造性的一种有效手段，同时一定的惩罚措施也是十分必要的，能消除一定的懒散作风，防止教师出现思想上的滑坡。

（六）课程建设和教材建设方面存在问题

公安管理学学科在课程设置上，虽然课程数量不少，但是每个课程之间缺乏内在联系和必要的衔接，学科相对独立，没有形成一种协同作用，导致学生在进行学习时，不能较好地将各个具有内在联系的知识点进行有效融合，不仅降低了教学效率，而且不利于学生的长期掌握。还有学位级不同的课程之间缺乏一定的层次性，没有达到层层递进、层层深入的效果，有时甚至出现课程先难后易，先深后浅，导致学生在接触课程时，不易理解，难以掌握。另外，由于国家的发展、社会的进步，公安管理学中也随之出现一些新兴学科。例如，研究方法、公安财政、公安应急管理、公安风险评估、舆情分析等一些课程，这些课程大多密切联系当前公安工作，但是这些课程相对薄弱，没有形成比较系统的框架。在教材方面，总体上学术水平较低，概念化明显，缺乏必要的创新性。部分教材内容陈旧，更新速度慢，书中有些内容有时都已经落后于社会的发展，以及不具备依据性，却还继续被使用。教材的编写模式和范例单调，内容结构缺乏新意，相似度过高，一些教材缺少注释和参考文献，案例编写粗糙，实用性偏低。

（七）学科基础理论发展存在的问题

1. 公安管理学学科基础理论研究深度不够

公安管理实践包括的公安业务工作种类繁多，目前文献资料中公安管理学的研究成果基本都是对这些具体管理实践的经验总结，理论水平较低，充其量属于应用理论，没有上升为基础理论层次，即便出现少数一些基础理论成果，也是直接将管理学、行政学或法学的基础理论知识引入或嫁接到公安管理学中去，缺乏对公安管理工作现象、问题以及一般规律、固有规律的深度挖掘和提炼，造成公安管理学学科发展的独立性欠缺，容易使其沦为其他学科的附属品或衍生品。

2. 公安管理学学科基础理论体系尚未建立

目前，公安管理学学科基础理论体系正在由原先的经验总结向常识、规律体系化发展，绝大部分仍停留在对某项公安实践管理活动的总结概括上，鲜有前瞻性的研究和理论反省，且研究内容比较分散，尚未形成理论体系，对于公安管理学学科基础理论体系构建的研究更是难得一见。如一些学者在编写公安管理学教材时将一揽子公安业务工作放到公安管理外部管理的范畴，对公安管理学理论体系如此构建，表面上看似乎属于公安管理的外部管理范畴，没有问题，但是如此宽泛庞杂的研究内容会导致公安管理学与其他公安学学科的重复研究，更严重的是造成公安管理学学科主体性、独立性、专业性的缺乏，使其游离于各种公安学科之间，阻碍公安管理学学科基础理论体系的构建和公安管理学学科的发展成熟。

3. 公安管理学学科基础理论的学术术语匮乏

现有的公安管理学学科基础理论研究成果中，公安管理学自有的学术术语相对匮乏。由于长期以来公安管理作为国家行政管理的重要组成部分，因此其理论研究均强调公安管理的行政功能，通篇充满了政治术语，如路线、方针、政策、党的领导、镇压等；强调依法管理原则、引入法律术语，如权利、职责、任务等；还有一些著作中直接引入行政领导报告中总结的许多带引号的词，如“四有四必”、“三项教育”、“四个能力”等，有的甚至没有任何注释，如此只有公安系统的人才懂，而外行不知其所云。

4. 公安管理学学科基础理论的研究方法滞后

是否具有一套成熟的研究方法是衡量一门学科发展成熟度的重要指标。公安管理学学科基础理论研究方法独立程度较低，教科书上所罗列的文献法、归纳法、调查统计法、比较研究法等方法，主要依赖于其他发展相对成熟的学科。这使得公安管理学学科基础理论的学术价值在很大程度上被削弱，同时也阻碍了公安管理学学科基础理论的发展。

（八）公安管理学在学科建设内容、要素与集体环节上存在薄弱环节

从总体来看，中国公安管理学者所采用的方法基本上是我国行政学者使用的西方行政学在20世纪30年代使用的传统研究方法，即主要采用演绎法、经验总结法、原则原理推导法对公安行政管理现象进行定性的、静态的分析，忽视对行政环境和行政现象进行动态分析，这说明中国公安行政管理学的研究方法比较单一、落后，至今还没走出手工作坊式的初级阶段。另外，理论脱离实际比较严重。反观中国公安管理行政学研究现状，许多研究过多关注应然领域，对行政程序和行政操作层面等实然领域的研究程度不够深入。许多研究既没有深入到公安管理和改革的实践中去调查研究，也没有收集各种数据来进行分析，非常缺乏对公安行政管理真实世界的了解以及经验事实的支持。这种理论与实践的严重脱节，既使公安行政管理学显得苍白无力，把公安管理学变成了脱离公安管理实际的抽象空洞的外壳，又使公安管理学的发展失去了理论的源头。

（九）跨学科研究明显不够

在我国，公安管理在很大程度上就是一种特殊的政府管理，公安管理学最明显的特征也是立足对政府政策的研究，其关注的焦点是政府的结构和运转，这表明我国的公安管理研究具有非常内向的特征。另外，由于公安管理和公安事务问题相当复杂，需要研究的问题有很多，为了对纷繁复杂的公安管理活动进行有效的研究，现代公安管理学采取了跨学科的研究方法。目前，我国虽然已经开始注意吸收并借鉴其他学科的有关理论和方法，但因缺乏适当的科技整合而有生搬硬套之感。

（十）研究成果的质量不尽如人意

反观中国公安管理学的科研成果，许多研究者满足于提出一些空洞的原则，说一些绝对正确的废话。许多研究成果教材化、常识化和概论化，学术含量比较低。在公安管理学的科研成果中，有不少是七拼八凑、粗制滥造、质量低劣的论文，公安管理学著作尤其是教材中互相模仿和低水平重复的也很多。公安管理学科研项目的前瞻性和超前性不够，缺少重大的理论突破和理论创新，即使是由国内著名高校承担的公安管理学课题，其在全国有重大影响的也不多见。

（十一）中国公安管理学在人才培养方面存在诸多问题与不足

其主要可归纳为办学理念过于陈旧等方面。众所周知，办学理念是专业知识的重要组成部分，培养学生的专业意识是搞好公安管理学的前提。受教育者在学校接受教育，首先是一种专业知识的培养和教育，其次才是专业技能的培养和训练。从专业意识方面严格来说，我国原有的公安管理实际上是政府管理。虽然近年来我国公安管理学教育在转换办学理念方面做了努力，但办学理念的转换尚未完成。另外，在人才培养的目标定位、培养模式和层次结构上存在问题。公安管理专业教育和人才培养的目标是什么呢？是以培养复合型和应用型人才为主要目标，还是以培养专门型理论型人才为主要目标？对此，学界还有争议。在人才培养模式方面，是采取“拓宽基础、淡化专业”的宽口径培养模式，还是“专业化”的培养模式呢？单纯从政治学取向和管理学取向考虑来进行公安管理学的课程设置，课程内容缺乏内在的联系和必要的衔接，学位级别不同的课程之间缺乏必要的层次性，研究方法和公共政策、公共财政、公共预算等课程薄弱，各高校课程设置大同小异，缺乏特色。教材建设方面问题和不足主要有：教材总体上的概论化、学术含量低，教材内容脱离实际，教材编写模式和体例单调，教材应用性不强，案例类教材很薄弱，教材本土化不足。

（十二）指导实践能力的孱弱化

与研究质量的低水平化伴随的是研究成果指导实践、为实践服务能力的孱弱化。一般认为，理论研究的根本目的就在于实际应用。公安管理学作为一门应用型的社会科学，其价值更应体现在为行政实践服务上。如果公安管理学的研究成果不能体现出它作为社会科学的重要基础学科和应用学科的价值和潜力，它作为一门学科的地位也就必然受到质疑，其科学性也无从谈起。然而当说到这个问题时，我们总是那样的底气不足。现有的公安管理研究质量低下，使得研究成果无力反映和指导实际的行政行为和改革实践。中国公安管理学研究对于中国公安管理的过去、现在和未来都不能作出准确的解释和预测，自然难以指导实际的公安管理行为。公安管理学的批判功能未能得到有效地发挥，这将在很大程度上影响其指导现实公安管理行为和公安政策改革作用的发挥，中国公安管理学研究在推进公安管理的科学化、规范化、严密化等方面显得无能为力，许多迫切需要解决的问题无法及时解决。上述种种都说明了中国公安管理学研究成果指导实践能力的孱弱化。

（十三）体系、结构的破碎化

一门成熟的科学、程度高的学科必是独立完整的科学，亦应具备自己独立完整的科学理论和学科体系结构。但是，中国公安管理学从研究对象、基本问题、研究范畴和内容体系上都是一门不完整、不统一的学科。独立的科学研究对象是学科独立的标志，但在公安管理领域其研究对象并不明确或者说不统一。有人认为公安管理学是研究国家公安机关对社会公共事务进行有效管理的规律的科学，有人认为公安管理学是研究公安行政管理的规律、研究行使国家权力进行行政管理活动的规律的科学。种种观点众说纷纭，至于公安管理学的基本问题，有人认为是公安行政效率与行政公平的关系问题，有人认为是行政行为和行政利益的关系问题。这个问题亦难有统一认识。在公安管理学理论体系的内容构成或研究范畴上的说法更是五花八门，如有人认为公安管理学理论体系是由公安行政环境、行政职能、行政主体、行政实施和行政保障几个方面构成。有人则把行政组织、行政领导、行政决策、行政监督、行政效率等作为行政学的理论体系架构的基本要素。有人认为公安管理学是公安机关一般行政、专业行政、层级行政、区域行政、案例分析等因素构成的理论框架。虽然大家在公安管理学理论体系架构上都能够对自己的观点进行解释和发挥，但又都给人一种片面的感觉。于是公安管理学科的研究难以深入问题的核心，也就找不到学科研究和学科发展的关键所在。

三、公安管理学学科发展的途径和措施

改革开放三十多年来，中国社会发生了巨大的变化。面对经济、社会和政治不断发展的新趋势，公安管理体制出现了许多不适应经济社会发展的方面，如公安机关职能转变不到位、公共安全服务体系薄弱和现代化警务运行机制未能完全建立等。如何认识公安机关的作用和职能，如何调整和理顺公安机关和政府其他部门的关系，如何实现精简和高效的公安管理，如何在公安管理中贯穿“以人为本”，建设与现代化进程相适应的公安队伍，如何实现公安政策制定的科学化，如何提高公安机关的公信力、执行力等系列问题是公安管理学必须回答的问题。也就是说，公安机关职能亟待转变的特殊环境为公安管理学的发展和繁荣提供了特殊的需求和强大的动力，公安管理体制改革的实践迫切需要公安管理学提供理论和方法论的指导。这就需要公安管理学学者必须具备宏观的战略思维，从国家与社会、警察与公民的互动角度进行探索，并且要服务于国家的整体安全战略和构建和谐社会的大目标。

需要指出的是，一个真正独立、边际清晰而具有完整学术范畴与规范的学科体系是需要多方面的长期营建才能成功的。一个专业学科的建立和发展，不是某人的鼓励和某个领导的组织策划就能一蹴而就的。专业学科制度建设靠的是热心参与研讨共同关心的问题的一批学者，真心实意地干出来的。在进行学科制度建设的时候，从学术的角度看，需要明确自身的科学定位，从而在学术研究中取得创新性成果，在学科队伍、人才培养模式和课程体系建设等方面取得新的进展和突破。具体说，其增长点主要体现在如下方面。

（一）加强顶层设计，科学制定学科发展规划

学科建设是高等院校各项工作的核心，进行顶层设计，制定科学的发展规划，对于学科建设和发展而言是首要问题。只有进行科学、具体、详尽的规划，学科的发展才能按照一个正确的路线前行，公安管理学学科发展规划应以大力发展重点学科、优先发展特色学科、适度发展一般学科为原则，科学展望公安管理学学科未来的发展走向。规划的制定要符合实际，具有可行性。当前社会上部分高校、部分院系普遍出现为了巩固学校或学院地位、声誉，确保招生水平以及就业率，过分夸大自身水平，制定不符合实际情况的发展规划，这不仅会造成学生对学校的不信任，还会造成学校院系为了实现过高期望的目标，消耗过多资源，却达不到理想的效果。所以，公安管理学学科在制定规划时，要深入研究当前社会发展趋势，结合自身的现实条件，制定出大目标与小目标相结合的发展规划。“大目标”即整个学科经过长期努力所要实现的一个较为理想的发展状态，为整个学科的发展树立起一个象征，赋予其一种灵魂，

激励学科持续、长期建设。“小目标”也可以称之为“阶段性目标”，即学科在发展过程中，要看清眼前的实际情况，以“大目标”为核心，积极解决发展中的每个问题，使得公安管理学学科一步一步稳步前进。

（二）明确公安管理学的学科定位

必须把学科定位置于战略地位，没有科学的准确定位，公安管理学的总体发展必将因缺乏后劲而自然萎缩。公安管理学是一门应用性学科，是以解决现实问题为导向的，否则，公安管理学便会失去其存在的意义。公安管理学既是公安工作发展现实需要的结果，也必须在为公安工作发展服务的过程中得到完善和自我发展，因而，公安管理学学科制度建设的出发点、生长点和归宿都必须指向为公安工作的现实服务这个基点。当前和今后一段时间，公安管理学要担负起以下使命：第一，为党和政府解决我国公共安全的重大问题提供科学的理论依据和决策参考。第二，为公安工作提供智力支持，或者说为公安机关决策当好参谋和顾问，能够在较高层次上发挥“思想库”、“智囊团”的作用。还要发挥自身与各级公安机关联系广泛的优势，提供决策咨询、论证规划、成果转让和人员培训等方面的服务，建立起学科的应用平台，切切实实为公安工作发展的现实服务。第三，为各级公安机关尤其是基层公安机关培养、输送高素质的专业人才，使他们成为公安工作的中坚力量。

（三）加强理论创新和研究方法创新

理论创新是学科建设的生命源泉和主要内涵，学科建设是积累创新成果的体制化形式和主要渠道。没有理论创新就谈不上学科的发展和建设，没有学科建设则不能巩固理论创新的成果。

公安管理学理论，是指导中国公安管理工作实践的纲领，能解决中国公安机关在当今时代面临的重大问题。在这样的背景下，系统总结公安管理学理论建设的成绩，并对今后一段时期公安管理学理论的建设方向、路径选择以及存在的问题进行前瞻性思考，具有重要的现实意义。

学术传统从来就是通过学术成果，而不是通过划分边界来延续的。我们认为，现阶段的公安管理学研究，应当把建设服务型公安机关摆在更加突出的位置。因为服务型公安机关建设是当前和今后一段时期内公安改革的主要目标，有着重要的现实意义。第一，按照科学发展观和构建和谐社会的要求，政府要更加注重社会管理和公共服务，使公共资源更多地向社会管理和公共服务倾斜。服务型公安机关的提法，体现了中国政府职能转变的根本方向。第二，建设服务型公安机关，是要从单纯的管理型行政向以满足公民和社会需求为宗旨的服务型行政转变，即要从公民的安全利益和意愿出发，致力于提供公平公正、优质高效、多样化的公共安全服务。第三，这是改进公安机关管理方式的根本要求，建设服务型公安机关要以人为本、执法为民，更好地为经济发展服务，为社会公众服务，寓管理于服务之中。服务型公安机关的表述，可以充分体现中国政府发展方向的要求。

在研究范式方面，本文借用匈牙利著名学者科尔奈教授的“制度范式”概念，并要把它引入公安管理学研究中，以此尝试替代原来的研究范式。因为社会转型过程中国家治理模式的变迁以及公安机关职能的演化，显然是一个制度变迁范畴的课题，研究范式自然是以制度为中心的。制度是社会的基本构成要素，制度的变迁和成长在很大程度上决定着社会的发展。一个良好的制度环境是经济持续健康增长和国家安全的最终保障。因此，在公安管理学研究中，我们引入制度的概念和制度研究范式，就是为了解决公安管理学研究中整体性研究的方法论问题。制度范式不仅可以涵盖政治、经济、文化、法律等多种概念，而且可以完整地表达概念的变化过程。制度范式既研究社会个体的相互关系，又研究社会个体与社会组织之间的互动机制，而且还能使公安管理学的触角向外延伸到诸如政治学、经济学、社会学、历史学、文化学、法学等领域，这样一来，公安管理学的视野、层次和境界就会得到拓展，从而能够为构建一种宏观的人类社会秩序学作出更大的贡献。

因此，把制度研究引入公安管理学研究中，尝试对多学科的一些理论和概念进行详细的学术梳理和创造性的阐释，有可能是一个有着广阔思考空间的理论生长点和突破口。所以，探讨公安机关的职能转换问题，必须要深入研究公安机关的组织方式、层序结构、运行机理、演变趋势等一系列因素。具体来说，笔者认为，公安管理学需要深入研究公安机关近年来建设法治公安、责任公安、服务公安、优质公安、效益公安、专业公安、透明公安、廉洁公安和文化公安的制度创新过程。这些研究既包括公安管理学的基本理论问题，也包括公安管理的前沿问题。它们形成了以警察主体、警察意识、警察关系、警察行为、安全利益、警察制度、警务发展等为内容的系统的有中国特色的公安管理学理论体系，能够反映出国内外形势变化下公安管理学发展的总体态势，能够反映出构建该理论体系的主导思想、实践功能和价值取向，从而有助于推动公安管理学的发展。

一定的理论范式需要有一定的研究方法、叙述方式与之相适应。为适应我国公安管理学研究范式的总体性转换，公安管理学的研究方法也必须拓展或转换，将以阶级分析法、历史分析法、定性分析法为主的方法体系，拓展或转换成以结构分析、实证研究、定量分析为主的多元方法体系。我们需要保持对现实的强烈关注和知识的开放性，加强学术规范化的培养和素养训练，建立科学的学术评价标准，倡导真正的学术批评，逐步积累起优良的学术传统，从而形成学科自主性，促进公安管理学的学术反思和文化自觉。

（四）加大学科队伍建设的力度

公安管理学的学科建设应有长远规划，合理安排学术梯队。要把培养年轻骨干队伍放在学科建设重要的位置；要发挥现有专家在队伍建设中的带头作用，创造条件让他们做好传、帮、带工作；要营造学科队伍建设的有利环境，使一大批年轻有为的学术后备人才健康成长。要逐步调整各教研室人员结构和知识结构，进一步理顺和完善学科人才培养的引进和使用机制，尽快培养和引进适合学科发展需要的人才，并做到人尽其才，充分发挥人才在学科建设方面的作用。要创造条件，通过挂职锻炼、承担和参与重大科研课题的调查与研究、出国考察和深造、参加国内外学术交流、做访问学者等多种形式，加快中青年学科骨干的培养步伐，完善和更新知识结构，开阔新视野。要研究和实施“名师工程”，要积极探索从实战单位聘请教官的渠道。逐步形成公安机关在职民警与院校教师长效的双向交流机制，是解决教师的实践教学能力不强的较好方式和有效途径。

总之，要通过制度安排、政策导向、组织协调、加大投入、利益驱动等一系列措施，培养造就一支精干的、高素质的专业队伍。

公安管理学如今面临的另一个问题是学者们个体分散式、封闭式的研究较多，合作意识还有待提高。因此，在参与国家重大课题研究方面难以组织起像样的团队，这种现状应该予以改变。首先，要发挥公安管理学会的重要作用，经常性地开展国内外的学术交流和合作，通过交流和合作提升自己的学术品位，出一批有影响的研究成果。其次，要建立公安管理学术网站，通报各地公安管理创新的重要信息，创办公安管理案例库，了解各学科的学术动态和前沿，指导研究工作，展示学术成果，使公安管理学研究者得以便捷地参与学术活动。再次，要组织全国性的公安管理课题研究，编写出版重要的教材、学术著作和文献资料。最后，要通过国家、学校、社会团体、企业等各种渠道向公安管理学的教学和研究提供必要的科研经费，拓展出版渠道，鼓励、支持公安管理学的发展。

如何成为合格的公安管理学的研究者和建设者？笔者认为，要达到“三个走向”：一是走向科学，以科学为业，即以科学的态度来严肃对待公安管理学研究，提高它的科学化程度；二是走向现实，即深入公安管理的实际工作，深刻了解公安管理的现实趋势和运作规律，为解决公安管理的实际问题提供智力和知识支持；三是走向世界，即在充分汲取人类优秀治理知识的同时努力将公安管理学推向国际学术界和国际社会，使中国公安管理学成为人类社会治理文明的重要组成部分。

（五）进一步创新人才培养模式

正确认识学科含义与特点，是我们充分利用学科优势，合理配置教育资源，拟定人才培养规格，建立有中国特色的公安管理人才教育目标模式的重要依据。而公安管理专业学科归属上的变化，意味着人才培养类型的变化，即该专业的人才培养模式必须由传统的学术型（理论型）向应用型（实务型）进行转变，以适应现代化建设和公安工作发展对复合型、应用型公安管理人才的需求。

公安管理学在人才培养方面应该体现三个层次：一是培养具有研究能力的博士生，为学科今后的基础研究和教学输送和储备人才。硕士研究生分为学术型和应用型两种，学术型是博士生的前期预备阶段，只应占硕士生的一小部分。应用型硕士研究生是主体，既突出公安管理学应用性的特点，又有利于学生毕业后寻找就业岗位。二是培养为各级公安机关尤其是基层公安机关服务的专门人才，如公安管理学本科学生的培养，他们学成之后回到基层，成为基层公安工作和队伍建设的重要力量。三是对公安机关现有民警的培训，使他们成为既有理论素养又有实际工作经验的高素质人才。不管是哪个层次的人才培养，最终他们都将参与到公安管理学的研究之中，不断壮大学术研究队伍，这是公安管理学未来发展的希望。

（六）加快课程体系和教学方式改革

目前，公安管理学课程体系经过几十年的逐步完善，初步形成了一个大体反映公安管理学学科发展现状的专业课程体系。但在社会转型加速、公安工作更加复杂化、学科归属调整的情况下，公安管理学的课程体系建设还需要进一步完善、与时俱进，以适应时代发展的要求。

公安管理学是一门应用型学科，公安管理学的高等教育必须以公安管理工作的实际需要为依托，不仅要教给学生丰富的管理知识、高超的管理技巧，更需要培养学生对党和国家的无限忠诚和高度信仰，以形成高尚的警察职业道德。公安管理学专业教育要积极进行教学理论体系创新，增加跨学科、前沿性和应用性课程及教学内容，编写高质量的专业课程教材，塑造公安管理学专业应用型定位的新形象。全面设置通识课程，合理开设选修课，使实践教学与理论教学相互协调、相互促进，全力提升教学质量。

要突出实践教学的重要性。实践教育是人才培养过程中贯彻始终、不可或缺的一个重要环节，它是学生了解专业领域和认识社会的“切入点”，也是培养学生创新意识和实践能力的有效途径。公安管理学实践教学体系应该尽可能地为学生提供综合性、设计性和创造性比较强的实践环境，尤其是创造在基层公安机关实习锻炼的环境，完善专业实习基地建设，提高学生的基本技能和实践能力，进而提高学生的综合素质。在实践教学体系的改革中，要坚持课堂教学与实践活动相结合、学生实践与教师科研活动相结合、实践教学体系与公安机关需求相结合的原则。

在教学方式上，要突出案例教学法，并辅之以理论讲授，情景模拟、角色扮演和实习等。通过案例教学，让学生接触大量现实的或虚拟的案例，学习和理解实际的公安管理经验和技术，培养学生分析问题和解决问题的能力。

（七）深度推进校局合作，有效利用资源

学科建设是由人、财、物、信息等基本要素组成的系统工程，且主要由大学扮演主题的角色。有学者指出，学科产生于大学之外，但繁荣于大学之内，当前大学已经成为学科建设最为重要的力量。公安管理学学科建设同样是由人、财、物、信息等基本要素构成的系统工程，推进公安管理学学科建设必然需要职业化和专业化的研究人员，也必然要由大学里的专门机构与专业化的研究人员和教师承担重要的学科建设任务。但是，公安管理学学科建设无论是从研究领域，还是从人才培养的服务面来说，都具有鲜明的公安行业特点，而且公安院校可资公安管理学学科建设利用的人、财、物、信息资源相对不足，需要全面发挥社会特别是公安系统的力量，由此公安高等院校与公安机关合作成为公安管理学学科建设的可取模式。

公安管理学学科建设应以公安管理学学科机构，特别是以公安院校公安管理系（部）为主导，积极构建公安院校与各级公安机关协同建设平台，成立公安院校与公安机关多方参与的学科建设管理机构，负责公安管理学学科建设中重大事务协商与决策，制定公安管理学学科建设和发展具体路线，整合公安院校与各级公安机关的人、财、物、信息资源，就公安管理学学科建设具体项目进行联合攻关，实现公安管理学学科建设成果的校局共享。

（八）紧贴时代特征，适应“新经济”时代

进入21世纪，中国公安管理学迎来了一个以信息网络化、知识化和全球化等为主要特征的“新经济”时代。这个新时代的到来，对中国公安管理学是个机遇，同时也对中国公安管理学提出了挑战。具体表现在：一是信息技术的革命和发展要求对政府管理的方法与程序进行巨大的变革。而为这种现实需要服务的公安管理教育或行政管理教育必须迅速转换教育模式，在教学内容、方法与手段等方面加以改革和创新。否则，我们的公安管理教育就不能培养出适应网络时代政府公安部门管理需要的全新公安管理人才来。二是经济的全球化和我国加入WTO对我们政府公安管理教育有相当大的冲击。它要求我们的各级公安官员在未来的管理中必须有国际眼光，熟悉行政游戏规则，适应国际竞争的需要，要求我们对这方面的公安管理教育给予足够的重视。20世纪80

年代以来，国际上掀起了以市场化和新公安管理为取向的公安管理变革浪潮。90 年代又提出了全球治理的问题，与此同时，随着人类社会走向“后工业社会”和“信息时代”，公安管理模式正经历从传统的官僚制向后官僚制的转变。公安管理如何应对管理实践中出现的问题，这对公安管理学提出了挑战，而在国内公安管理领域中，中国公安管理实践更是向中国公安管理学提出了新的课题和挑战。党的十六大报告提出了深化行政改革的目标和主要任务，进一步转变政府职能，改进管理方式，推进电子政务，提高行政效率降低行政成本，形成行为规范、运转协调、公正透明、廉洁高效的行政管理体制，重点是转变政府职能，依法规范中央与地方的职能和权限，推进政府公安部门机构改革、行政执法体制改革、事业单位改革和国有资产管理体制机制，大力推进电子政务建设等。这些目标和任务是公安管理学研究需要给予回答的重要课题，是来自公安管理学内部的挑战。我国公安管理学学科虽然已经过三十多年的发展，但至今仍然没有走出粗放型的发展阶段，这只要几个事实就能看出来：公安管理学学科队伍庞大而素质不理想，教学和研究机构繁多而水平参差不齐，科研成果频出却低水平重复，等等。这种落后的学科发展模式制约了公安管理学的进一步发展，如何实现公安管理学学科发展模式的转变，使公安管理学上素质、上水平、上档次，这对中国公安管理学来说确实是难题和挑战。中国的改革开放已经成为全球化的重要组成部分，中国的行政体制为企业与政治力量的协调合作创造了独特的机制，这种机制又基于“关系”的庞大社会网络交织在一起，并用国人独特的社会文化心理和行为特质来支撑，晋升激励和行政关联为官员和企业家合作创造了条件，党委、公会等对内部的凝聚力发挥了作用。公安管理实践创新与公安管理学科发展的互动，是一个永恒的主题。我国三十多年的改革开放为公安管理学学科的发展提供了前所未有的实践平台，因此，总结提炼公安管理学学科的中国特质成为其建设者的重要使命。

（九）积极开展国内外学术交流与合作

我们需要认真学习、借鉴、吸收国内外高校学科建设的经验，努力提高我国公安管理学学科建设水平，努力促进我国行政学学科建设与国内外先进水平的接轨。同时，还可以邀请国内外著名学者、专家来校讲学，与国内外知名一流警察大学开展多层次交流，如联合培养研究生等，使学术交流逐渐趋于制度化。公安管理学教师之间也应该互相学习，深入开展学术交流和探讨，活跃学术气氛，促进行公安管理学学科研究水平的提高。

（十）加强对学科历史的研究

对历史的研究通常能帮助我们寻找规律以更好地预知未来，科学研究同样如此，要把握好学科的未来，最好的途径就是先研究其历史。因此，对学科历史进行研究是非常重要的一种学术方法。从某种意义上来说，对学科历史的研究和反思的重要性甚至不亚于对学科基础理论的研究，这种反思的深度和广度，对该学科理论体系的形成和发展都是非常重要的。学科是研究服务于该学科的需要，通常关注本学科领域里主要理论问题的来源、解决情况以及解决方法等。通过研究学科的起源及发展历程，梳理出学科发展的清晰脉络，确保该学科理论体系的自主性和基本价值，是所有学科发展的重要前提，对于公安管理学这一年轻的学科来说同样如此。通过对公安管理学发展历史中重大事件、重要人物以及重要思想体系产生过程的研究，有助于我们深入分析领会公安管理学学科理论体系的形成及其发展演变过程。这种历史研究的方法和分析角度对我们梳理公安管理学学科，寻找学科自身发展演变规律，准确预测其未来发展趋势都是非常重要的。同时，还应以不同视角来研究公安管理学历史。例如，仅关注公安管理学的历史事件，往往容易迷失于其中，难以从中发现规律。同样，如果脱离历史事件进行范式研究或者是学术人物思想研究也无法真正把握公安管理学的历史脉络，我们必须融汇和综合运用各种历史研究方法，梳理出一条清晰而易于理解的公安管理研究视野和角度的变化，对于相应时期学术人物的学术观念会带来很大的影响，由此推动其学术思想的变化和丰富完善，这种多因素的共同影响，在多数情况下，构成了推动公安管理学发展的动力。公安管理学作为真正意义上的学科出现和发展实际上都与管理学的发展息息相关、相辅相成，而公安管理学的发展是管理学的进步与教育视角相结合的产物。不同阶段的公安管理学发展史中，都能看出这一点。在公安管理和公安管理学的历史发展进程中，公安管理学的研究对象在不断发展开拓，运用多种研究方法，能够帮助我们克服单一视角和单一研究方法所带来的局限性，有助于梳理出更加清晰、完整、易于理解的公安管理学发展脉络。在研究中应坚持历史与逻辑的同一原则，即注重对事实背后影响因素的逻辑分析，应将公安管理学的发展过程置身于科学、教育以及管理学的历史长河中进行考量，在不同时期、不同国家之间进行比较研究，同时，要结合我国特定历史时期社会状况来做研究分析。公安管理学作为比较年轻的学科，其诞生和发展还不到五十年，在基础理论建设上还很不成熟。对于这样发展迅速的新兴交叉学科，对其历史的总结、研究和反思就显得更加重要。为解决学科高速发展的同时带来的一系列需要正视和解决的问题，所有公安管理学工作者需要做的是冷静总结学科发展历史，寻找客观规律，分析和预测变化趋势，探寻保证本学科可持续性发展的正确道路。

（十一）加大跨学科研究力度

公安管理学既是公安学的分支学科，又是对管理学、政治学、社会学和法学的综合应用。这种学科属性决定了加强公安管理学跨学科研究的必要性。从当前学科的薄弱环节来看，加强跨学科研究具有紧迫性。加强公安管理学跨学科研究，我们要注意以下几点：一是从目前政府管理与改革面临的紧迫课题入手，主动开展跨学科研究。二是在跨学科研究过程中既要注重跨哲学、伦理学、史学、政治学、社会学、法学、经济学等人文社会科学，也要重视跨混沌理论、协同学、统计学、运筹学、系统科学和计算机科学等自然科学和工程类技术类学科的有关理论方法，并且把这两个方面的研究有机结合起来，切实突破定义学、分类学、定性学、原则学已有的理论模式，突破创新学已有的理论与方法。三是要打破学科割据研究体质，大力推进公安管理学的跨学科研究。跨学科研究是以多种学科知识和方法的整合和运用为特征的，单一学科的知识积累和单个人的学术能力及素养难以胜任这一系统性、复杂性的工作。我国公安管理学应当注重发挥各种类型专家的作用，要在以问题为取向的研究思路下，组合具有不同学科知识背景和学科专长的专家与学者来从事相关课题的研究，应当注重建立不同学科之间以及不同学科研究者之间的沟通、交流的机制和科技协作机制，加强互相之间的理解与尊重，从研究体制上为公安管理学的跨学科研究提供较有力的保障。

第十八部分

公安管理学学科队伍建设

李　辉　李星甫

任何一门学科建设都离不开人才的支撑。只有有了高素质的人才，才可以将学科建设做好。专业学科建设的水平归根结底取决于师资队伍建设。师资是专业学科建设的重要人力资源，师资队伍不仅要求数量足够，而且要求整体结构合理，发展趋势良好。特别是对国内几所公安管理类学校特有专业来讲，更应达到师资队伍建设的基本要求，即符合学科专业定位、能够满足教学需要、适应学科专业发展需要。目前，公安管理学学科的师资队伍在数量和结构上与现实需求相比还有一定的差距，严重影响整个专业建设的进程。而解决师资队伍建设的关键是通过整合、培养、引进和聘请等多种方式，尽快建立一支符合要求的、高水平的师资队伍，以此推动科研、课程、教材等专业建设的开展。综上，深入研究和分析公安管理学学科师资队伍建设的现状以及长效发展模式，厘清公安管理学学科师资队伍建设的研究起点和研究重点，对于公安管理学学科建设具有重要的理论意义和现实意义。并且，有效解决公安管理学学科师资队伍建设广为存在的关键问题，对于强化公安管理师资队伍建设效率、提高公安管理学学科人才培养具有不可或缺的重要价值。

一、学科建设研究现状

国内外学者对高校师资队伍建设进行了多视角的研究和探索，成果颇丰。

（一）对国外高校教师队伍建设的探索和研究

如俞爱玲、莫洁华（2003）指出，研究生是美国高校教师的主要来源，未来教师首先要学习专业基础知识，各专业都有相应的课程体系，修完规定课程，学生可获得暂时的教学资格证书，还需参加并通过相应的培训、考试才能取得教师资格证书。王春玲、高益民（2006）界定了高校教师发展的概念与内涵，指出其在美国经历了学者时期、教学者时期、开发者时期、学习者时期、网络时期的变迁，形成了分权管理、突出服务理念、发展活动全面、形式多样等特点，并介绍了高校教师发展组织的四种主要模式及运行机制。肖毅（2011）研究发现，美国各高校、专业协会等组织建立了较为完善的教师在职培训体系，开展了内容丰富、形式多样的教师培训活动。培训内容包括通识教育专业发展研习、公民权利和服务性学习、教学技术发展培训、教学专业发展研习、优秀指导教师方案、学术事务领导研修、管理发展短期培训等。

（二）对国内民办高校师资队伍建设的探索和研究

如王美玲（2012）研究发现，国内学者主要从理论的角度指出以下几个方面的问题：一是专兼职教师关系不够协调，传、帮、带作用不突出；二是民办高校有些教师素质偏低，教学效果差，不利于学生综合素质的提高；三是民办高校教师生活、工作条件差，教师工作积极性不高；四是为了解决师资不足情况，民办高校特别是职业学校大量从社会各界招聘教师，这些教师大多缺乏教师资格培训和课堂理论教学经验，存在着非专业化的问题；五是民办高校教师质量得不到保障。林苑纯和邱秀芳（2009）在《民办高校稳定师资队伍的探讨》一文中，着重分析了民办高校教师队伍稳定性差的问题，也有学者比较关注民办高校教师的职业生涯发展问题，认为民办高校教师地位较低，对教师缺乏吸引力，同时有些民办高校只重眼前利益，缩减开支，使教师在科研上无法得到更多的资源，职业生涯的发展受到很大制约。熊丽克（2007）在《民办学校教师队伍建设面临的问题及因应对策》中指出，当前民办学校教师队伍管理方面重使用、轻培养问题极其突出。

（三）对教学动机影响因素的探索和研究

如 Packard（1990）认为教师动机受工作关系网络、专业知识输入、教师评价、领导方式、教师发展等因素的影响。此外，社会价值观、社会规范、工作环境、同事、教师个人及职业相关因素均影响教师动机。Bishay（1996）以教师工作满意度为参照，区分了个人因素（年龄、性别、教龄、学科）和环境因素（经济回报、书面工作负担、学校支持）。Praver（2008）将教师动机的影响因素分为直接因素（内部动机、外部动机）和间接因素（自主、工作关系、自我实现、学校支持等）。Kiziltep（2008）指出教师去动机化（教师出于某种原因对教学失去兴趣）可能受特定时间或经历以及社会环境的影响。其以土耳其 300 名大学教师为调查对象，将教师去动机因素归纳为五类：学生（动机、态度、兴趣等）、经济（收入水平、财政状况等）、组织和物理特征（班级人数、教学设施、教学条件等）、科研（科研条件、科研水平、参与机会等）、工作条件（课时、办公条件、行政会议等）。Dornyei 等（2012）将去动机定义为降低当前动机水平的消极因素，并将教师去动机的影响因素概括为压力、教师自主的抑制、自我效能不足、缺少职业规划、内容重复性以及发展空间有限六个方面。

综上可知，相关研究对国内外高校相关学科师资建设进行了诸多有益探索，但是，专门针对公安类院校的师资队伍建设研究较为匮乏，尤其是鲜有专门针对公安管理学学科师资队伍建设的研究。由此，就目前研究现状来看，有必要借鉴已有研究成果，对公安管理学学科师资队伍建设进行更为深入的研究和探索。

二、公安管理学学科人才建设现状

公安管理学学科虽由来已久，但该学科整体建设状况仍存在一些亟须解决的问题。

（一）公安管理学学科的学科带头人的选拔和任用制度有待加强

公安管理是一门专业性较强的学科，需要在学科带头人的领导下继续夯实和发掘公安管理学的学科内涵、外延。一般而言，学科带头人是学科队伍建设的中坚力量，对公安管理学学科发展具有重要的导向作用。而科学合理的学科带头人选拔制度则是保障公安学科人才有序、高效流动的“源头活水”。学科带头人制度的完善，对于推进整个公安学科队伍建设以及有机协调各子学科之间的持续发展具有关键性的影响。国内外大量公安院校的学科建设经验表明，只有一流的学科带头人才能成就一流的学科，才能做出一流的科研成果。目前，就公安管理学学科来讲，尚缺乏系统高效的学科带头人选拔与任用机制，该项制度的顶层设计尚不够完善。尤其是，在深化公安改革的持续推进以及公安人才招录选拔制度改革的大背景下，学科带头人的统领及管理前沿导向作用不可或缺。

（二）公安管理学学科的人才梯队结构不尽合理

学术梯队建设是学科建设的重要组成部分，学术梯队的年龄、职称与知识结构等是学科队伍是否具有战斗力的关键，只有具备一支结构合理的学科队伍，才能出大成果，才能使学科深入、持续、稳定地发展下去。目前，公安管理学学科建设中，不同年龄段的人才分布不均，一些高校已经出现“老龄化”现象，中青年教师人才队伍出现“断层”现象。并且，从大量公安高校中的管理学科发展现状来看，教师人才队伍中的男女教师比例失调，部分高校“男少女多”现象突出。此外，从公安管理学学科人才队伍建设的学历结构层次来看，与普通高等院校相比，公安类高等院校教师人才的学历均值偏低，“硕士”学历比例较高，博士比例不足。除个别具有博士学位授予点的部属高校外，一般公安类高等院校教师的学历以“硕士”为主。从公安管理学学科人才来源看，具有海外经历或海外学历的教师偏少，普遍低于一般“211”高等院校。

（三）公安管理学学科的学术团队影响力不足

一支实力雄厚的学科队伍必须是结构合理、能力强、学术水平高的学术团队。学术团队的影响力建设不可忽视，其对完善学科队伍结构，培养人才梯队具有重要作用。学术团队本身是人才凝聚力、人才架构、人员状态等多方面的综合体。有一定影响力的学术团队对于本科线招揽外来人才、培养学科品牌影响力具有重要支撑作用。

三、公安管理学学科人才队伍建设总体思路

专业学科建设的水平归根结底取决于师资队伍建设，师资是专业学科建设的重要人力资源，师资队伍不仅要求数量足够，而且还要求整体结构合理，发展趋势良好。特别是新建专业应达到师资队伍建设的基本要求，即符合学科专业定位、能够满足教学需要、适应学科专业发展需要。目前，警务保障方向的师资队伍在数量和结构上与现实需求相比还有一定的差距，严重影响整个专业建设的进程。新建专业师资队伍建设的关键是通过整合、培养、引进和聘请等多种方式，尽快建立一支符合要求的、高水平的师资队伍，以此推动科研、课程、教材等专业建设的开展。

（一）加强师资队伍的思想政治工作，突出教师职业道德建设

全面贯彻党和国家的教育方针，全面推进素质教育。通过政治理论的学习，提升警务保障方向教师的职业意识和岗位责任感。培养教师热爱党、热爱社会主义，忠诚于人民公安教育事业，遵守教师职业道德规范，教书育人，为人师表的宗旨意识。在建立表彰奖励优秀教师的评比制度中，应将教师的政治思想素质放在首要的考核项目之中，把教师职业道德素养作为教学工作考核和职务聘任的重要依据。通过对评选出的模范教师先进事迹的表彰奖励和广泛宣传，在院校中树立健康的行业新风，以利于业务创新的开展。

（二）切实加强师资队伍梯队建设，全面提高师资队伍创新能力

首先，要制订高层次创新人才培养计划，努力吸引、培养和造就一批具有国内外领先水平的学者和学科带头人，要拓宽师资来源渠道，吸收硕士生、博士生，结合公安教育实际，实行“岗位聘任”制度，给青年教师和因学历限制而无法晋升的骨干教师提供更多施展自己才能的机会，形成学校良性的用人选拔机制，在增加师资数量的同时，切实保证新增师资的质量。其次，要抓紧培养和造就一大批具有创新能力和发展潜力的中青年学术骨干，形成可持续发

展的优秀人才梯队。此外，要注意吸收一些体现公安特色的专业技术人员和有实践经验的一线实战人员，积极引进各地公安机关中具有丰富实践经验和教学能力的专家做兼职教官，充实公安院校的师资力量。在教学活动中，他们可以为公安管理教学带来宝贵的作战经验和理论，也可以促进本校教师向“双师型”的转化。

（三）建立教职人员岗位培训制度和定期业务实践制度

学校应提倡与鼓励教师在职攻读更高级别的学位和参加专业岗位培训，为教师提供一个重返课堂、持续充电的机会，不断提高教师个人的学术水平和特定教学岗位对教师学历的要求。学校同时还要建立一套完整的教师下派锻炼制度，使缺乏公安专业技能、实践能力的年轻教师普遍得到实战岗位的锻炼。同时，可以利用实践机会把先进的理论和新的科研成果带到基层，并真正使理论为公安工作服务。通过以上几个方面的建设，提高教师的专业技能和实践教学能力，更新教师知识结构，提高教学整体水平，使教师具有新的教育思想、教育观念，掌握新的教学方法和教育技术，从而适应公安管理工作对教师提出的新要求。

（四）不断改善办学条件和深化学校内部改革

建立吸引人才、培养人才、稳定人才的良性机制。多渠道筹集师资培养、训练经费，调动各方面的积极性，加强中青年骨干教师队伍建设，推动公安教育事业的发展。对于教学骨干的培养应采取特殊政策，进一步解放思想，破除论资排辈的观念束缚，为中青年优秀人才创造宽松的业务创新环境。同时还要加快养老保险、医疗保险和岗位津贴等福利制度改革的步伐，提高公安院校教师的生活条件和经济待遇。在教学与科研的各项活动中，应以学科建设为龙头，促进师资队伍建设，鼓励和支持中青年教师勇于创新，开辟新学科方向，承担重大科研课题和攻关项目，带动人才培养，提高师资水平；注重中、老年教师对青年教师的传、帮、带，建立教学工作的课程组组长、主讲教师制度。围绕教学改革，按专业组成合理的梯队，分级建立骨干教师队伍。通过多种方式，加速培养公安管理方向师资队伍中的青年骨干教师和专业学科带头人。同时学校要加强教师聘任后的管理和考核，实行定期考核、特别聘任、择优上岗的人才选拔机制，以岗位聘任制为基础，改革和健全院校管理体制，形成科学的激励机制。

（五）加强与国内其他高等院校以及国外警察院校间的合作

提高校际间学术交流的层次和深度，为公安院校的师资队伍创造一个有利于教师业务素质提高的场所。通过吸收和借鉴国内外警察组织和研究机构在公安领导、公安人力资源管理、警察行政管理等多方面的科学理论和先进经验，结合公安院校自身的优势，对我国公安管理工作所存在的热点问题加以研究，及时捕捉公安工作的动态和对公安院校人才培养与专业研究方向变化的要求，使之在今后教学和科研工作中起到指引作用，从而使这项交流活动在公安院校师资队伍建设中发挥积极的作用。另外，通过与地方院校的合作，利用其他院校科研机制灵活、资金来源广泛的优势，共同研制、开发公安管理人才所需的科技成果，在研究中造就公安院校的科研人才，培养自己的学术带头人，提高公安院校公安管理学学科师资队伍的整体水平。

在探索公安管理学学科师资队伍建设的道路上，我们仍应紧密结合中国现今社会经济发展对公安教育提出的更高要求，一切从实际出发，立足于公安管理工作的特点，立足于社会发展对警务活动提出的新要求，全面地探寻师资队伍建设的有效途径，使公安管理学学科得以持续、健康发展。

第十九部分

公安学科建设的保障与维度

王　刚

一、公安学科建设的三项保障

（一）充分认识、高度重视，为公安学科建设提供坚实的思想保障

学科和学科层次，是衡量一个领域科学研究、教学和社会服务水平的重要标志，也是评判一所高校学科建设、教育教学和人才培养质量和水平的重要标准，一直是各高校孜孜以求的主要目标之一。

经过多年的辛勤耕耘和不懈努力，2011 年 3 月，国务院学位委员会和教育部批准将公安学和公安技术列为一级学科。随后我校又锦上添花取得了一系列的丰硕成果：公安学、公安技术两个一级学科获批一级学科博士学位授权点，被列为北京市重点学科，之后获教育部批准为一级学科国家重点学科，这标志着我校学科建设达到了新的高峰，实现了公安系统特别是公安教育战线几代人的梦想。

我们必须从思想上充分认识到，公安学科建设的巨大成就，不仅在我校建设史上，而且在公安高等教育发展史上，都是具有里程碑意义的重大历史性跨越，对于我校建设与发展、公安教育训练乃至公安事业都具有重要而深远的意义。它为我国公安事业及公安理论的发展提供了科学基础，为培养高素质专门人才提供了特色鲜明的学科支撑，为教师的教学科研和专业发展提供了宽广的学科平台，并为学校的改革创新和全面建设争取国家政策支持提供了坚实的学科保障。

我校扎实进行公安学科建设，特别是以国家重点学科的标准、视野来建设，办学特色就能更加突出，教育教学、改革创新等就有了一定的主导权和话

语权，有利于争取国家在各方面的政策支持。如公安学一级学科的设立，使公安院校获批提高了公安专业平均综合定额拨款标准，大大提高了办学的经济效益；我校获准设立公安一级学科两个国家重点学科，在警务硕士培养模式、公安学科建设方面就有了重要的话语权；此外，有公安一级学科作为平台，就能更好地促进公安院校的招生和学生就业模式的改革，为学校的全面建设和发展创造了更为广阔的空间。

公安学科建设事关学校的战略发展和每个人的切身利益，公安学科成功设立之后，如何通过扎实的建设与管理提高公安学科质量和水平，就成了摆在我们面前一项任重道远的任务。全体教职工必须对公安学科建设的重大意义有统一深刻的认识，对建设公安学科有强烈的使命感、责任感和自豪感。

我们要以主人翁的精神积极参与公安学科建设，要解放思想、勇于创新，齐心协力、努力开拓。我们要认真学习教育部、公安部和校党委关于公安学科建设与管理的文件，吃透文件精神，确定研究方向，明确研究目标，科学做好学科建设发展规划战略，制定好学科建设方案。要通过目标高远、脚踏实地的建设工作，切实做好公安学科研究、建设与发展工作，全面提高公安教育水平，努力为波澜壮阔的公安改革创新事业作出更大的贡献。

（二）业务精通、团结向上，为公安学科建设提供强有力的队伍保障

队伍建设是学科建设的根本，党政两套班子要从不同的角度抓队伍，形成合力，共同服务于学科建设这项中心工作。要通过不断加强思想、组织、作风、制度和文化建设，提高师资队伍的素质和质量，努力构建精通业务、团结协作、积极向上、追求卓越的和谐集体，以强烈的事业心、责任感，为做好公安学科建设提供坚强的队伍保障。

不断加强党的基层组织建设，创新工作思路，创新工作方法，保证工作成效，最大限度地激发党员干部的工作热情和创造力，不断提高党组织的感召力、凝聚力。充分发挥党组织的战斗堡垒作用和党员的先锋模范作用，高度重视并大力加强入党积极分子培养工作，努力为党组织吸纳新鲜血液，进一步夯实党的群众基础。要以党的建设成果全力服务于公安学科建设，树立正气、凝聚人心、化解矛盾、整合力量，推动教学、科研及各项工作不断取得新的进展。

着力加强政治理论学习，永葆忠于党、忠于祖国、忠于人民、忠于法律的政治本色，始终在思想上、政治上、行动上和党中央保持高度一致，切实把握好政治方向，在大是大非问题上要明辨是非、头脑清楚、毫不动摇。教育引导广大教职工认真学习高等学校教师职业道德规范，牢固树立正确的理想信念，不断加强师德修养，增强警察意识，认真践行以“忠诚、敬业、创新、表率、

奉献”为主要内容的公安大学核心价值观，在各方面都能发挥表率和示范作用。

要敢于管理、善于管理，坚持公开、公平、公正的原则，加大队伍管理和培养力度，建立健全激励竞争机制，奖优罚懒、赏罚分明。要表扬先进、批评后进、树立典型、以点带面，要抓“两头”、带中间，树正气，促发展。要坚持原则，不怕得罪人，不当“老好人”，杜绝懒、散、软的问题，解决干多干少、干好干坏、干与不干都一样问题，培养一支纪律严明、作风顽强的纪律部队，不断增强队伍的凝聚力、向心力和战斗力，努力打造一支一流的队伍，为完成各项工作任务奠定坚实的基础。

要把解决思想问题和解决实际问题有机结合起来，建立健全党组织激励、关怀、帮扶机制，注重发挥分工会的桥梁纽带作用，关心教师的身心健康和家庭幸福，切实维护职工的合法权益，团结全系教职工，认真扎实做好公安学科建设和教学科研工作。大力加强文化建设，通过健康活泼的文体活动和送温暖活动，充分发挥文化如水、润物无声的作用，让广大党员干部“快乐工作、幸福生活”，努力营造生动活泼、团结向上、干事创业的氛围，打造健康、和谐的文化环境。教职工在和谐温馨的团队中才能做到团结协作，联合开展教学和科研工作，不断提升工作质量，扎实推进公安学科建设。

要大力加强学术团队建设，由志同道合、情投意合的教职工组成教学科研团队。既要推出德艺双馨的学科带头人、专家名师，也要培养选拔锐气十足的青年骨干教师，科学配置、联合攻关，凝聚集体的智慧和力量申报重大课题和专项，切实提高我校学科建设和教学科研工作的质量和水平。

通过扎实进行队伍建设，努力打造出一支整齐、清正、上进、和谐的队伍。教职工有共同的理想和信念，有坚强的组织纪律性，有很强的凝聚力和向心力，有强烈的荣誉感和责任心，有追求卓越、争创一流的心气，就能够样样工作积极参与，事事处处奋勇争先，高标准、严要求，全面推进公安学科建设工作。

（三）民主参与、科学决策，为公安学科建设提供科学的制度保障

在公安学科建设中，要充分发挥教职工民主参与的积极性和主动性，促进决策的民主化、科学化，摒弃一厢情愿的长官意志和命令式的工作方法，为推进公安学科的建设和发展提供科学的制度保障。

要积极发挥广大教师爱校、爱系的积极性，保证民主程序，畅通言论渠道。要落实教职工的知情权、参与权、监督权，认真贯彻落实民主集中制；要充分运用互联网、微博等现代科技手段，积极搭建网上民主参与决策的新平台。通过广泛征求教职工意见、召开党政联席会议等方式，保证决策过程的程

序公正，充分体现民意。通过召开专题学科建设研讨会，出版学科研讨论文集等方式，进一步明确公安学科和所属学科专业的学科定位、人才培养目标，探索与本专业人才培养目标要求相适应的人才培养模式、培养规格和技术支撑点，相应地修订培养方案，完善课程体系、课程建设、教学方法与途径。

通过这样的组织程序做保障而确立的学科建设的目标和路径，是经教职工反复论证形成的，凝聚了大家的共识和智慧，能最大限度地积聚力量，心往一处想，劲往一处使，可以事半功倍地取得成效，即使出现分歧也能很容易沟通解决，从而保证公安学科建设的顺利进行。

二、公安学科建设的三个维度

（一）卓越维度：追求卓越、争创一流

国家批准设立公安学科，是为了满足国家建设的迫切需求，是为了培养高质量的公安高等专门人才。我们不能因为已经成功获批两个一级学科、一级学科博士点和国家重点学科就沾沾自喜，准备躺在功劳簿上好好享受了；或者认为公安学科历史短、基础差、底子薄、力量弱，因而自我要求不高，甘于平庸，流于追随。在公安学科建设这艘大船准备扬帆起航之际，我们必须明确以“卓越”作为公安学科建设的重要维度之一，追求卓越，争创一流。

我们要有高水平开展公安学科建设的雄心壮志，有时不我待的紧迫感，有舍我其谁的使命感；既要脚踏实地，又要登高望远，在公安学科建设中要有高度、有深度、有广度。要放眼世界，加强对外交流与合作；博采众长，和兄弟院校建立良好的合作机制；服务公安，从公安工作中寻求灵感和目标；科研创新，努力实现超越式发展。要通过创新工作机制和方法，努力打造一流的学科专业，推出一流的科研成果，培养一流的学生，服务于火热的公安实践工作。

（二）创新维度：敢于超越、开拓创新

成功设立公安学科和相应的博士点、重点学科之后，我校以及各有关系部担负着公安学科建设领头示范的作用，这对我们来说是一项全新的极富挑战性的任务。要完成这样的艰巨任务，必须从“创新”维度着眼、着手、着力，敢于超越，开拓创新。

我们在公安学科建设中，必须时刻保持谦虚谨慎，勤于、善于学习。要学习借鉴国内外其他一级学科研究的经验和方法，为我所用；要学习借鉴西方的警务理论、工作经验和方法，取其所长、避其所短，探讨开创出具有中国特色的公安学科理论体系和科学研究方法；要与时俱进，及时了解掌握科学技术与社会发展现状和趋势，使学科理论研究紧跟时代发展的步伐，具有先进性和前瞻性，时刻处于领先地位。

除了积极吸收借鉴国内外其他学科和警察学科建设的宝贵经验之外，我们还必须解放思想，牢固树立开拓创新的意识，敢于开风气之先，突破常规、不断超越，努力开辟出一片学术新天地。这种创新包括理论创新、技术创新、教法创新、管理创新等各个方面，在学科专业建设、教学、科研、学校管理、服务实践等各方面，都要闯出新路子。

通过加强公安学科理论研究，不断丰富创新公安学科的理论基础、学科体系，以及系统性、规律性的学科理论，为国家的学科建设作出贡献，使公安学科在国家学科体系中占有一定位置，更好地为公安工作提供理论指导和服务，为公安高等教育的学科建设发挥统筹规划和引领示范作用。

（三）实践维度：立足公安、服务实践

我们要紧跟公安工作和队伍建设的发展形势，进一步明确学科专业定位，突出专业特色与优势，合理确定人才培养规格和目标，科学设置专业课程和课时，及时充实和更新教学内容，努力培养适应新形势下公安工作需要的高素质应用型人才。

时刻牢记并认真践行“实践—理论—再实践—再理论”的科学研究方法，以实践为导向，围绕公安管理和队伍建设的热点、难点问题进行调研、教学，推动公安学科理论不断完善。要通过深入公安一线实地调研、开展公安实践等方式，切实掌握当前公安机关对公安学科理论的最新需求，从公安工作需求中寻找课题。要及时发现、总结、编写公安实践中的成功经验与鲜活真实的典型案例，经过梳理、总结、分析、归纳，最后上升到理论，从而指导公安实践，并可以为教学所用，不断提高教学的针对性和教学质量。

要紧紧围绕公安工作和队伍建设的热点、难点问题，整合力量积极开展科研创新和成果转化，提高服务公安实践的水平和质量。通过设置公安工作专项标准，研究公安工作急需的重大课题，与公安机关进行战略合作等方式，积极回应公安机关的重大关切与期待，切实发挥公安机关的智库和参谋的作用。

研究学科建设要与提高人才培养质量紧密结合。我们要立足公安工作的发展，适应毕业生第一任职需要和职业发展需要，大力培养公安工作急需的高级专门人才。在人才培养中要突出学科专业特色、专业技术支撑点、专业能力和发展后劲，切实解决学生毕业后“干什么”和“能干什么”的问题。要准确把握本科生、硕士研究生、博士研究生的不同培养定位，构建层次清晰、衔接紧密、各有特色的人才培养体系。要注意在实践与理论教学中各有侧重，培养出专业学位与学术学位等不同类型的人才。

我们在公安学科建设中，依托思想、队伍、制度三项保障作为支撑，以卓越、创新、实践这三个维度作为导向，就能做出突出的成绩，切实取得一批高质量的、影响深远的标志性成果。这些成果可能包括培育出专业特色鲜明、蜚声中外的学术领军人物，有一系列厚重的作为学科奠基石的高水平学术专著；也可能包括一些基础建设，如能起到标杆示范作用的核心精品课程，富于指导意义的经典案例库等；还包括直接服务公安工作的内容，如有一批能为公安部门解决真问题、大问题的重大科研成果，能为公安部门提供急需的理论支撑，能培养出适应公安工作需要的高层次专门人才。

随着公安学科建设水平的提升，我校将在教学、科研、人才培养方面取得丰硕的成果。届时我校的国际影响力和知名度将越来越高，距离建设成为国际一流警察大学的宏伟目标也将越来越近。我们期待着这一美好目标的早日实现，并将为此而不懈努力。